图说天下·国家地理系列

醉美江南

赵晓玉 霍晨昕 ◎ 著

四川人民出版社

图书在版编目（CIP）数据

醉美江南 / 赵晓玉, 霍晨昕著. — 成都：四川人民出版社, 2019.10

（图说天下. 国家地理系列）

ISBN 978-7-220-11399-4

Ⅰ.①醉… Ⅱ.①赵… ②霍… Ⅲ.①华东地区—地方史 Ⅳ.① K295

中国版本图书馆 CIP 数据核字（2019）第 101703 号

ZUI MEI JIANGNAN
醉美江南

赵晓玉 霍晨昕 著

责任编辑	段瑞清
封面设计	何 琳
版式设计	周 正
责任校对	袁晓红
责任印制	李 剑

出版发行	四川人民出版社（成都市槐树街2号）
网　　址	http://www.scpph.com
E-mail	scrmcbs@sina.com
新浪微博	@四川人民出版社
微信公众号	四川人民出版社
发行部业务电话	（028）86259624 86259453
防盗版举报电话	（028）86259624
照　　排	
印　　刷	艺堂印刷（天津）有限公司
成品尺寸	170mm×240mm
印　　张	14
字　　数	260千字
版　　次	2019年10月第1版
印　　次	2019年10月第1次印刷
书　　号	ISBN 978-7-220-11399-4
定　　价	29.90元

版权所有·侵权必究

本书若出现印装质量问题，请与我社联系调换

电话：（010）82021443

前言 Foreword

　　江南是一场绵延千年的美梦，却在一千个人的梦境中交织出一千种胜境，它是天竺寺里中秋的桂子，是枕卧郡亭一览无余的钱塘江潮水；它是吴宫旧忆中的春酒歌舞，是江上如火的红花、胜蓝的绿水；它是一江的烟草，是满城随风起舞的花絮，是梅子熟时的雨水。

　　分不清爱的究竟是江南哪一张面孔，也许爱的不是江上荷花丛生的秋色和

家家珠帘里飘出的香气，而是它们渲染出的恬淡；爱的不是江南烟水路，而是走遍了江南也未能和你重逢的忧苦，是迷人的惆怅，是真挚的哀伤，是穷尽一生想要弥补的遗憾；或许爱的也不是南国春光，而是那再也回不去的无忧时光。

　　风景从来不仅仅是风景，它是漫漫人生路中所有忧愁的驿站，江南恰好是绝美的那座。这里柳树如烟，桥梁如绘，有翠绿的帐子，有错落的楼阁，有翻涌澎湃的钱塘江，有断桥下十里粉白的荷花。于是人生也不仅仅是人生，它是江南姑苏城外寒山寺的声声钟鸣，是一座座沉静优雅的园林，是从时光深处走来的西塘、同里，是幽幽小巷中的晓起、呈坎……

　　人生如旅，终归是希望看到江南那样的景色，临河而建的房屋，屋宇相连，就像人与人之间的密切；河上架满了小桥，不至于让对岸成为看得见又走不近的咫尺天涯；夜市上有人叫卖，阡陌小巷里飘出暖暖的人间烟火，最能安慰所有孤独的心灵；路上走着浪漫热情的才子佳人，他们把看到的景、走过的路、见过的人，都写成文字，把平凡的人生过成了精致的仪式。

　　所以，江南于我们，大概是笔墨丹青画不出的生动跳跃，是诗词歌赋咏不完的清风明月，是我们诉不尽的款款深情，是人生若只如初见的隽永美好。

　　醉美江南，风景如斯，人生亦如斯。

两岸黛瓦白墙，阁楼临水而出，
黄昏的阳光透着暖意。
仿佛是谁在运笔，画出一幅写意山水。
此时光阴，绵长静默，
颇似梦中光景。

水韵江南，诗意横生，
是小船荡起的圈圈涟漪，
是油菜花海点亮的片片柔情，
是吴侬软语唤起的字字痴心，
原来江南，才是一生的梦归之处。

西湖云烟，曲院风荷，
微风送来阵阵花香，细软温柔，
如同心爱之人在耳边低语，
沉浸在这样的美好中，
才真正明白，
什么是"欲辨已忘言"。

层层错落的马头墙,
在晨雾中犹如黑白琴键,
奏出了一曲江南小调,
那袅袅炊烟、阵阵鸟鸣,
白墙黑瓦上移动的光影,
都是江南对我们的真情告白。

目录 contents

Chapter 1　梦萦水乡，时光深处的柔情

- 周庄　中国第一水乡 …… 2
- 乌镇　有疑天颜不老 …… 5
- 甪直　难识地名，难忘古镇 …… 9
- 同里　太湖明珠 …… 12
- 西塘　为你梦萦魂牵 …… 16
- 南浔　地道老滋味 …… 20
- 婺源　花海衬水墨 …… 24
- 李坑　小桥流水人家 …… 28
- 朱家角　上海威尼斯 …… 34
- 专题　曾是惊鸿照影来
    ——历史上江南那些才子佳人 …… 38

Chapter 2　悠悠小巷，袅袅炊烟
——白墙灰瓦间的古意村落

- 郭洞　今生梦寐无尽时 …… 44
- 晓起　油菜花黄香樟古 …… 48
- 南屏　梦中的桃源 …… 52
- 塔川　最爱红叶飘飞时 …… 56
- 唐模　徽派园林的奇葩 …… 60
- 卢村　精致木雕第一乡 …… 64
- 呈坎　美如水墨画的千年古镇 …… 68
- 查济　情迷悠长巷道 …… 72
- 专题　江南的名人故居 …… 76

Chapter 3　城市风情，不一样的烟火

- 南京　梧桐绿荫里的繁花烟柳地 …… 82

|苏州 宁静时光中的慢放 …………… 88
|扬州 精雕细琢的眉眼 …………… 94
|无锡 多少楼台烟雨中 …………… 96
|杭州 最是江南忆 …………… 100
|绍兴 在黄酒的微醺里打马而过 …………… 106
|宁波 江南大地上一颗夺目的明珠 …………… 112
|上海 华灯初上时，最是人间 …………… 119
|专题 值得推荐的江南游线路 …………… 126

Chapter 4　文化遗产中的江南掠影

|宏村 青泥小巷画中人家 …………… 132
|西递 桃花源里人家 …………… 137
|西湖 绿荫冉冉，醉不思归 …………… 140
|苏州园林 闹市中的山水之怡 …………… 144
|黄山 上帝的盆景 …………… 150
|明孝陵 金陵怀古，倾听那历史深处的回音 …………… 156
|吴歌昆曲 诉一曲衷肠，引无尽相思 …………… 162
|苏绣 绣万国于一锦 …………… 166
|扬州玉雕 良师巧匠的艺术之美 …………… 170
|水乡社戏 水乡舞台上的人间模样 …………… 174
|专题 令人流连的江南小吃 …………… 178

Chapter 5　青山流水断桥在，风景旧曾谙

|庐山 千古文化名山 …………… 184
|东西洞庭山 最后的水上江南 …………… 190
|秦淮河、夫子庙 金陵自古繁华地 …………… 193
|钱塘江潮 壮观天下无 …………… 198
|枫桥 江枫渔火对愁眠 …………… 202
|专题 诗词里的江南 …………… 206

Chapter 1

梦萦水乡，时光深处的柔情

Zhouzhuang
周庄 中国第一水乡

　　这里，因为电影《摇啊摇，摇到外婆桥》而闻名天下；这里，是江南第一富豪沈万三的故乡；这里，让三毛潸然泪下；这里，让陈逸飞妙笔生花。这就是周庄，位于江苏省昆山市境内西南隅的"中国第一水乡"。

　　周庄像一朵睡莲，澄湖、淀山湖、南湖和30多条大小河流围绕着它，交错成"井"字形河道。周庄古朴幽静，历经900多年沧桑，仍完整地保存着古镇水乡独特的风韵。

　　桥，是水镇周庄的亮点。14座古桥桥桥相望、桥桥相连，贯穿了水镇的交通，更构成了周庄独有的水乡神韵。周庄最负盛名的当数双桥和富安桥。双桥联袂而筑，桥面一横一竖，桥洞一方一圆，像极了古代的钥匙，所以又称钥匙桥。1984年，旅美青年画家陈逸飞将双桥画成油画，取名《故乡的回忆》，在美国展出后又被美国人购买并赠送给邓小平。1985年，双桥被联合国选为首日封图案，从此驰名中外。

▶ 周庄的桥，古朴质厚，形异韵重，青龙桥就是其中之一。桥畔树木青翠，桥下的空舟静静地等待游人，时光仿佛在此时停止了……

Chapter 1 ·梦萦水乡，时光深处的柔情·

　　富安桥桥楼合璧，四端各有一座飞檐垂角、装饰富丽的楼阁，为江南桥楼之冠，是目前江南水乡仅存的桥楼建筑。桥边杨柳低垂，仲春时节，柳絮在风中轻舞飞扬，飘落在船上行人的肩上。在这里，你能真正体会到古诗中"吴树依依吴水流，吴中舟楫好夷游"的意韵。

　　周庄60%以上的民居仍为明清建筑。这座仅仅0.4平方千米的古镇，坐落着近百座深宅大院，回环曲折。楼在桥边，窗在水上，粉墙黛瓦，飞檐翼然，墙垣斑驳。深褐的窗棂，雕花的隔屏，玲珑幽暗中却分明透出一分宽广明丽。宅院的门外，是一段段青石板路，900年来，石板早已被人们磨得平整而光滑，散发出幽幽冷冷的光，人影可鉴。下雨时，石板在雨水的冲刷下，像一面面铜镜，映着青黛的屋檐和行人晃动的衣袂。也许，这其中也有一位姑娘，撑着雨伞，带着丁香般的哀怨，梦一般穿过雨巷。

・醉美江南・

周庄，最美的应该是她的夜景了。傍晚时分，华灯初上，小镇安静了下来。水镇小河环绕，高高的拱桥是人们步行的通道，也不会有机动车的纷扰，这就使得小镇有了外界难得的寂静。看夜景，最好是在河边的茶楼里。沏一壶周庄的阿婆茶，临窗而坐，河风带着湿润的水汽掠过两颊。在阿婆茶的清香里，看着对面客栈旧红的灯笼在风中轻摇，而灯笼下的木窗里，有情侣依偎而坐，也有三五友人低语笑谈，暖暖的灯光，像极了《花样年华》里的温柔。再看河水，水中倒影摇曳，错落有致，偶有小船荡过，河水便在灯光的映照下泛着妩媚的光线。

周庄是大自然的杰作，自然的聪慧育成了她的清秀与灵气，她像一朵睡莲，躺在明湖绿水中，吴侬软语里，恬然入梦。我想，应该感谢世俗对她的遗忘，让我们在900年后的今天，仍能看到她古典安静的睡容。是的，周庄是内敛而从容的，如诗人笔下的少女，"你的心如小小的寂寞的城／恰若青石的街道向晚／跫音不响／三月的春帷不揭／你的心是小小的窗扉紧掩"。周庄，始终美丽着、幽静着。

而在这里的幽静从容里，你可以分明看到回忆如沙漏，一点点流入心田。

那些渐行渐远的黑白回忆，也在雕花的窗棂那长年射不到阳光的阴凉里，慢慢归于平静，却也慢慢鲜明芬芳，夹在湿润的河风中，氤氲在你眼前。

◀ 优雅而带有古典气息的周庄，集中了中国水乡所有的旖旎和美丽，一直是很多人的梦想之地。

 旅程随行帖

岁月年轮： 始建于宋朝，至今已有900多年的历史，现位列中国十大水乡古镇之首。

最佳旅游时间： 四季皆可，最好非节假日，否则人多有扰宁静秀美。

特色美食：

万三蹄： 精选的肥瘦适中的猪后腿，加入调好的配料，经过一天一夜的煨煮后，皮色酱红，外形饱满，香气四溢，肉质酥烂，肥而不腻。

▲ 沉睡中的乌镇

乌镇 有疑天颜不老

Wuzhen

正如黄磊在电视剧《似水年华》中的一句台词："这是一个让人好想谈恋爱的地方。"乌镇，可以说是江南古镇中最浪漫的版本了。

这里有着作为江南古镇所应有的一切：小桥、流水、人家……而这里的一切又是与众不同的：近40座古桥风格迥异，屋屋傍水，家家"水阁"，水上茶馆林立。

乌镇就像她的名字一样，质朴、传统而又韵味无穷，据说当年小镇的墙上都刷着一种黑色的油漆，而桐乡一带又常把"黑"叫作"乌"，所以人们就把这座水镇叫"乌镇"了。如果说水墨图画般的乌镇是一件缁衣，那桥，该是水中荡漾的月光映在衣上的线线亮色了。

乌镇多桥，小小的镇子，在康熙年间竟有124座桥，号称"百步一桥"，现

今也还有39座桥。斑驳的桥身，淙淙的流水，日日夜夜反复吟诵着那段桥的历史、那个桥的传说。其中最负盛名的要数乌镇西栅的通济桥和仁济桥这两座石拱桥，两桥呈直角相交，站在桥下，望水中倒影"你中有我，我中有你"，让人不由得想起《断章》中的"你站在桥上看风景/看风景的人在楼上看你/明月装饰了你的窗子/你装饰了别人的梦"。在乌镇的这座"桥中桥"上，该是"看风景的人在桥上看你"了吧。

乌镇，一个轻描淡写着浓郁浪漫气息的地方。

在乌镇，"水阁"似乎比桥更能吸引人们的注意。乌镇的民居不仅沿河而建，而且有一部分已经延伸至河面，下面用木桩或石柱打在河床中，上架横梁，再搁上木板，当地人称其为"水阁"。茅盾在《大地山河》中曾这样描述故乡的水阁："……人家的后门外就是河，站在后门口，可以用吊桶打水，午

Chapter 1 ·梦萦水乡,时光深处的柔情·

◀ 黛瓦朱门,白墙青砖,小巷蜿蜒曲折,水阁亭亭玉立。游人漫步其中,江南古镇特有的风景一览无余。

夜梦回,可以听到橹声欸乃,飘然而过……"水阁,是一个窗口,让你看到了真正的"水"乡,更让你看到实实在在的水乡生活。

借宿水阁,推开雕花木窗,脚下就是潺潺的流水了,清风徐来,幽湿的气息里,水声呢喃,桨声欸乃,这时你才能真正体味到水乡"人家尽枕河"中"枕河"的滋味。清晨醒来,敞开门窗,薄雾缭绕,小镇初醒。船娘包着蓝印花布头巾,静静地撑着竹篙,船轻巧地划过水面,荡开一圈圈涟漪,不疾不徐,从容如千年的乌镇。等到太阳升起,各家各户水阁的竹竿上花花绿绿的衣服挂起来了,小孩也在屋里顽皮地嬉闹。待日落时分,炊烟四起,小船也像有了归心,急速而欢快地在水面上前行。

然而,想要真正了解乌镇人的生活,我们还得去茶馆。在这里,只需一盏茶的工夫,上至国家大事,下至谁家小孩调皮捣蛋,你都能听得一清二楚。乌镇茶馆多是出了名的,大大小小,散落在各个街巷的水阁里。茶馆分街庄和乡庄,街庄地处中市,宽敞雅致,而乡庄多在栅头上,质朴淳厚,却更能让你品出原汁原味的水乡韵律。傍晚时分,寻一处茶馆,依窗而坐,一面傍河,一面临街,街道喧哗,河道沉寂。在杭白菊的清香里,你会发现,原来自己也如水阁般,虽身在繁华里,心却静如止水。

漫步乌镇,黛瓦朱门,白墙青砖,小巷蜿蜒曲折,水阁亭亭玉立。没有周庄的名厅,没有同里的豪宅,她像一位穿着蓝印花布小褂、在小桥上行走的女子,细腻、柔婉,美得自然而不肤浅,让人放松,也让人陶醉。所以,乌镇的爱情也应该是简单而醉人的,像当年白素贞与许仙的相遇,烟雨朦胧里看似波澜不惊却情意动天。

乌镇的浪漫,安安静静,不事张扬,只有真心相爱的人才体会得到吧。当城市一天天繁华,当人心一天天浮躁,在这样一个娴静的水乡,该有怎样的一位温婉女子或明朗男子,与你相遇在这个千年的美梦中呢?

◀ 乌镇文昌阁

旅程随行帖

岁月年轮:始建于872年,距今已有1000多年的历史。
最佳旅游时间:春天与秋日,夏季阳光会晃人的眼。

特色美食:
红烧羊肉:肉块颜色深红,肥而不腻,吃起来酥酥的,汁水滋润,胡葱与萝卜软烂又吸足了肉汁,有时甚至比羊肉还要好吃。
乌镇定胜糕:莲花状,雪白的五个花瓣中央点缀了绿色和红色的果脯丝。外层是精制的香米和糯米粉,米粉细而均匀;里面是豆沙馅,中间混有少量白糖和桂花,味道香糯可口,甜而不腻。

▲ 甪直镇历来有"桥梁之乡"的美称。1平方千米的古镇、5.6千米的河道上最多时有宋、元、明、清时代的石拱桥72座半，现存41座，造型各异。有人称甪直为"桥梁博物馆"。

Luzhi
甪直 难识地名，难忘古镇

甪直，给人的感觉是悠闲的、温暖的、精致的。那种悠闲，只有漫步于甪直的小街上，才能感受得到。走走看看，边走边聊，聊着轻松的话题。

甪直镇位于江苏省苏州市吴中区，离苏州仅25千米，是江南水镇的天然历史博物馆。这里是温暖的，是那种在深秋的天气里，阳光照得人暖暖的、懒懒

的，让人察觉不到一丝寒意。那细细的河道，那窄窄的小桥，也不知是何年何月留下的回忆，但它们显示的精工细作，是岁月无法抹去的。

　　一进入甪直古镇，第一个感觉就是桥多，置身其间，转步即桥。这一座座小桥宛如一件件精美的艺术品。细心地看去，你将为桥身上栩栩如生的浮雕感慨，由青石砌成的桥，丝毫感觉不到笨拙，只有玲珑雅致。桥虽多，但各不相同，小一点的桥，三五步就可以通过，大一点的走十几步也就通过了。站在桥上，俯视桥下那缓缓的流水，举目所见是两岸杨柳依依，微风拂过，吹皱的水面下偶尔能看到几条小鱼游过，让人不禁想起了庄子和惠子之间有名的鱼乐之辩，莞尔一笑。

　　甪直境内水流纵横，桥梁密布，贴水成街，居民枕河而眠。如果在岸边雇一艘船，倚在船头，顺着弯弯曲曲的河道游走，闲看风景，那就仿佛置身于一幅和谐的水乡风情图卷里：那提着桶蹲在石阶上、在河里濯洗衣裳的妇女，显得那样的自然而惬意；河边上悠闲的老汉，掐着烟卷，用洪钟般的声音与来往行人打着招呼；漏窗的花格里传出女人的笑声……这一切都和古朴的街巷桥河融成了一幅美丽的画面。

旅程随行帖

岁月年轮： 甪直旧称甫里，始建于南朝，唐以后因河道街形状似"甪"字，遂改现名。

最佳旅游时间： 与苏州大同小异，四季宜人。

特色美食：

甫里蹄： 不同于其他江南小镇菜式的清新淡雅，它融合了北方菜系粗犷厚重的特点，又加入了苏式菜肴甜、鲜的风格，口味醇美。

八角红菱： 菱肉含水量多，含淀粉少，味道甜美。在菱角收获的季节，值得去品尝这奇特的美味。

◀ 悠悠的水、弯曲的河，斑驳的粉墙、厚重的黛瓦，千年吴韵，梦里水乡。

　　看着这一切，静下心来想想，感受一下，忽然觉得这小镇就是一个单独的世界，而我们来自另外一个世界。那古桥、流水及岸边溜滑的石阶上长满的青苔，仿佛都在告诉我们，我们来到了一个镇貌古朴、风情幽逸的世界。

　　走在甪直的老街，你一定会陶醉于她那传统的街坊景观。在这里，在弹石铺就的路上高低深浅地走，你将喜欢这样的感觉。弹石路面早已变得光滑，在江南的阳光下越发可人。路宽仅三到四米，两侧是密密相连的商店，和住宅连在一起，前店后居，店店相连，也就是那通向河埠的出口才有空缺处。这些店铺都不大，铺面不过一两间，颇有夫妻店的味道。

　　走在这古镇小道上，目睹古街、古房和深巷时，又领略到甪直古镇的另一种风情。这里饭店、点心店等吃食铺飘出的蒸汽和香味常常会弥漫一街。如果你觉得有些疲惫，这便是最好的歇脚处。随便找一家小吃店，让店主在靠着河的栏杆边放置桌椅，就可以坐下来静静地歇息，静静地享受。也许此时，会看见流水对面，一位白发老者坐在竹椅上安然品茗。也许在你沉思享受之时，会有歌声传来，你抬眼望去，远处水巷中小船渐行渐近，一个穿着蓝印花布衣服的船家妇女，正款款摇橹而来，船上游客默然倾听，嘴角含笑……

Tongli
同里 太湖明珠

每座古镇都有她的独特之处,而同里的特点就是,让人觉得亲近,仿佛她是你前生的闺房。

走进同里,就像走进了前生的房间,房内有一张雕花木床,沉沉的黑里泛着幽幽的红,一切是那么温馨而又熟悉。

▲ 锈迹斑斑的中元桥横跨河道两岸，无言地诉说着小镇古老的过去。

同里隶属于江苏省苏州市吴江区，位于太湖之畔，古运河之东，四面临水，八湖环抱，风景优美。镇区被"川"字形的15条小河分隔成7座小岛，而49座古桥又将小岛串为一个整体。建筑依水而立，以"小桥流水人家"著称。去同里游一次，可以说是一次心灵的回归。古色古香的店铺，逶迤悠长的街巷，粉墙黛瓦的民居，还有那若隐若现的古桥，迎风拂水的绿柳，无不透着一股宁静与安详之感。印象最深的还是同里的水，那是一湾悠悠绿水，水活且清，基本上"家家临水，户户通舟"，有"水巷小桥多""人家尽枕河""柳桥通水市，荷港入湖田"的独特景观。

因水成街，同里的街道是古老的，大多是明清年间古建筑，给老街披上了

▶ 雕花门窗，黑里泛着幽幽的红，古朴而又温馨。

一层幽幽深深的神秘色彩。但街上现做现卖的各种香喷喷的小吃，却又实实在在地告诉你，这里"人间烟火鼎盛"。写着店名的各色小旗在古街上空飘动，一股悠悠古风扑面而来。远远望去，费孝通先生为古街题写的"明清遗风"四个大字镶嵌在古朴庄重、高高耸立的大理石门楼上，一种恍若隔世的沧桑感从心底油然而起。这些老街或绿树掩映，或依水傍屋，或店铺林立，但都是宁静恬淡的。这种静是一种远离尘世的静，一种超凡脱俗的静，一种真正使人从心灵上获得平和与快活的静。随着社会的发展，同里的老街也悄悄地发生了一些变化，有些老式的商店装起了霓虹灯，有些石库门的楼屋换上了铝合金窗，有的被粉刷得亮亮堂堂，有的也会播放年轻人喜欢的乐曲……但这些变化无损于老街给予每个游人的那份浓浓的风情。老街就像一条奔流不息的河流，在同里流淌着生活暖流与生命色彩，它的变与不变，都将给古老的小镇带来一种新的希望。

水乡无桥，就如书店无书。河道纵横的同里是由一座一座桥串联起来的，而且每一座桥都有自家的韵味。迂回曲折的河道就像缠绕在古镇上的一条条丝带，而一座座风格迥异的石桥则是丝带上一个个美丽的蝴蝶结，连接着古镇的大街小巷，连接着小镇的古代与现代。

在古镇，桥龄最长的桥，要数思本桥。它建于南宋，距今已有700多年历史，仍伫立在川清水秀的河道上岿然不动。最小的桥是坐落在环翠山庄荷花池上的独步桥。此桥桥面总长不到两米，宽一米，两人相遇时都需侧身而过，其小巧玲珑，堪称一绝。

而镇上最有名的桥是"三桥"，即太平桥、吉利桥和长庆桥。三座石桥均以小巧见长，古朴典雅，以三足鼎立的姿态互相依伴伫立在古镇中心。据说，从古至今同里人逢喜事有"走三桥"的风俗。他们说，走过太平桥，一年四季身体好；走过吉利桥，生意兴隆步步高；走过长庆桥，青春长驻永不老。所以当地人都很看重"走三桥"，小孩满月或是喜庆婚嫁，都要到三座桥上走一走，以图吉祥如意、平安幸福。

▲ 蔽天的绿荫，干净的砖面，午后宁静的老街，一派安逸祥和的气氛，仿佛千百年未曾改变。

古桥是同里的一大特色，每个前来古镇参观游览的客人都能有所体悟，这些风格迥异的美丽古桥经受了漫长岁月风风雨雨的侵蚀才变得这般温柔多情。它们是古镇活的历史。

旅程随行帖

岁月年轮： 建于宋朝，距今已有1000多年的历史。
最佳旅游时间： 无寒冬酷暑，四季皆有景可观，但应避开节假日，寻找静谧。
特色美食：
响油鳝糊： 把当天宰杀的鳝鱼切成段儿后，放入作料，爆炒。颜色偏深红，香味浓郁，油润而不腻，新鲜可口，上桌后盘中油还在噼啪作响。

Xitang
西塘 为你梦萦魂牵

有时候一个地方的美,并不在于她建筑的古朴、景物的美丽,而是因为她透出的气质和你相符。喜欢一个地方,有时也并不是因为她美,而是因为她静,静得可以让你与自己的灵魂相对。西塘就是这样一个可以让你放空身心与灵魂相遇的地方。

西塘位于浙江省嘉兴市嘉善县,距嘉善县城11千米,是一座已有千年历史文化的古镇。也许她不比周庄般温婉如玉,也比不上那个年华似水的乌镇,但只要你身临其境,就会被她独特的美吸引,就连那些沉积在心灵深处的杂尘似乎也可以被西塘这舒爽清香的空气给荡涤得干干净净……

穿过西塘入口那条狭窄的深巷,一个典型的江南水乡古镇风貌顿时呈现在眼前。清清绿波环绕着古朴的民宅,水面上时时摇曳而过一叶小舟,这分明是诗中的意境啊,"小桥流水人家"贴切而自然地描述了西塘的生活。

在西塘有很多的桥,这桥不似陈逸飞先生画中的周庄双桥,没有它"神话一般的境地",却多了几分烟火人间的质朴和踏实。这里的桥,是一块块石头搭起的拱桥,貌似普通,却承载着上千

▲ 清晨的西塘，仿佛蒙在一层纱中。早起人家的炊烟淡淡地飘在空中，给挂在屋檐下的串串红灯笼染上一份神秘的色彩。

·醉美江南·

年悠久的古镇历史。不管走在桥上的人有多迷茫，走过去，都会看见另一番别开生面的美景，有一种"柳暗花明又一村"的惊喜。桥上游人如织，与桥下行走的人互相欣赏，又与这典雅的古镇融在一起，组成了一幅清朗的水墨画。

西塘最著名的不是那些桥，也不是那狭窄的石皮弄，而是有"烟雨长廊"之称的廊棚。长长的沿着西塘河而建的"烟雨长廊"有1000多米，是众多江南水乡中独一无二的建筑，也是古镇中一道最独特的风景线。走在下面既无日晒雨淋之苦，又可尽览水乡烟雨秀色。

"烟雨长廊"其实只是西塘人家伸长的屋檐。西塘人在水边老屋里住着，也顺便做一点买卖，他们或端着饭碗，或坐在板凳上闲聊，偶尔跟路人点个头，脸上的笑也是淡淡的，就像西塘河的水。

漫步廊棚，尽管脚步轻轻，石板也会发出"咚咚"的有节奏的响声，因为廊棚上的石板有些是空心的，据说这是有意铺设的，为使积水流走。廊棚下曾经走过一些有诗意的人，比如柳亚子和他的南社诗友。他们在橹声桨影里，在廊棚滴雨中，享受着生命浓郁的春色。

来到西塘不喝一杯西塘的碧螺春，就不算来过西塘。在西塘水边的茶楼里，点一杯碧螺春，蓝花白瓷杯中的茶清馨香远，品着桌上一小碟五香青豆，三五人聊着天，还能时不时地听到长廊和石桥上有车铃声响过。河边石阶上有三三两两洗菜的老人；临河看店的老伯，一边逗着可爱的小

◀ 此图为药师寺塔。古药师禅寺为江南消灾延寿药师佛古道场，始建于唐贞观元年（627），距今已有1300余年历史。

▲ 绿柳掩映下的古建筑意蕴深厚而明艳，古朴而清丽。

孙子，一边照顾着生意……

　　这方水土养育出来的正是这样的普通西塘人，他们热闹而不喧闹的生活场面让人倍感亲切。不知茶水已过几杯，细细相数，从西塘人口中，一步步走进陌生的西塘，感觉自己正融入小镇人的生活中。就在这澄澈茶水中，背弃城市里的躁动，带着一颗重新起航的心驶入这里，与朴实的西塘人把茶言欢。

旅程随行帖

岁月年轮：在唐宋时期已形成村落，元代时期渐成集镇。

最佳旅游时间：气候宜人的春、秋两季。

特色美食：

芡实糕：口味多样化，除了原味，还有桂花、薄荷、核桃、草莓等口味，吃起来软软糯糯，甜而不腻，回味无穷。

麦芽塌饼：即立夏塌饼，是西塘千年风俗之特色时令点心。口感柔软、不黏糊，还能够消食降脂。

Nanxun
南浔 地道老滋味

南浔的洪济、通津、广惠三座古风俨然的古拱桥,灯火明灭的百间楼民居,倒映在水中的点点渔火,不忍散去的戏台小曲……循迹而去,惊艳满眸。

南浔位于浙江省湖州市,是浙江省历史文化名镇。小镇整体格局是十字形状,河道交织,街巷纵横,所有的街道、屋宇都是依河而伸,傍水而建,家家户户出了门就是河埠石阶。

南浔给人的记忆是那千年的古桥与百年的老屋。桥存在，屋存在，这千百年前的建筑至今依然矗立在南浔，矗立于它们当时出生的地方。似乎时间在它们身上已经停止，而它们的存在，是以自己的方式向后来人默默讲述着它们所经历的风雨岁月。

一座座小桥沟通了小城内如织的水路，来到南浔，迈过这一座座小桥，就是留下了一串串记忆。那清风桥、明月桥、通津桥、洪济桥、便民桥……一座桥便是一个历史的记忆。那半圆形的石拱桥横跨在市河之上，与水中的倒影组合成一轮满月，斑驳的青灰色像清晨的残梦，总会勾起一缕令人回忆的思绪。

▼ **百间楼**

百间楼因两岸傍河建楼百间，又架长板石桥连接两岸而名。傍河而筑的百间楼，有的充分利用空间筑骑楼；有的楼前连披檐，故街道行人方便，雨季可避雨，夏季可遮阳。百间楼的封火山墙，有三叠式马头墙，也有琵琶式山墙，高低错落，极富情趣。

▲ 走累了，在水边小憩，品茗赏景，人生何处不惬意！

　　结构简洁却饱经沧桑的老桥，让人流连，让人忘记那荣辱纷争。来到桥头，小食摊里"滋滋"作响，金黄色的臭豆腐正在油锅里翻着身；大锅里咕噜咕噜地滚着热水，老板熟练地操起一把生面落到锅里，片刻工夫就捞了起来，放到有葱、酱油、猪油的大海碗里，地道的阳春面就做好了。吃着这些小吃，好像又回到了从前，重温那走南闯北的生意人之路。

　　随意找一条小巷子，那种窄窄的、深深的、间或有老式煤饼炉子的青烟飘起的小巷，慢慢地踱进镇子里。小木窗，小木门，白灰墙，八仙桌，灯挂椅，窗台上精致的瓷花盆里种的兰花……无不透出历史的富足。

　　老街上的石板路更加湿滑，水洼里有老宅如镜像般的倒影，调皮的狗儿跑过，弄碎了记忆……湿滑的河埠头泛着幽幽的青色，承载过无数关于"摇啊摇,摇到外婆桥……"的温馨故事。小巷的石板路已经被路人的各种鞋子打磨得光可鉴人,那是一种厚重而不浮夸的棕黄色,像是传世古董上的包浆……

来到南浔,那百间楼的故事是不可不知的。400多米长的青石板路,一步步地讲述着百间楼的历史。相传在明代礼部尚书董份归隐南浔后,其孙子与南浔白华楼主嘉靖进士茅坤的孙女结亲。迎接新娘的时候,茅坤家嫌弃堂堂董尚书家里的房子不够宽敞,于是,就派遣媒人对董家人说,女方有100个陪嫁的婢女,你家太小,住不下。老尚书毫不含糊立即回应:"不妨,马上就造100间楼,让每一名婢女住一间。"于是就在很短的时间内依河而建百余间立屋,故曰"百间楼"。

百间楼是江南一带极为罕见的沿河民居群落。楼顺河道蜿蜒连绵,显得很有层次感,与不远处的洪济、通津二桥组成一幅"小桥流水人家"的江南水乡特有风光。

傍晚或者清晨,从小店出来,一个人静静地站在洪济桥高高的拱顶上,那种感觉也很惬意。看晚霞或者晨雾中的百间楼,那层叠的楼影,在霞光或晨雾中,非常富有层次变化和朦胧的美感。那三叠式的封火山墙也好,那拱形的过街卷洞门、水柱廊檐也罢,都静静地在玻璃纸般的河面留下了完美的倒影。

走进南浔,这水乡是一方潮湿安静的净土,可以任凭思想在历史的空间放逐,人们也同样把自己的心境真正融入其中,与之对晤。

旅程随行帖

岁月年轮: 在南宋初期形成村落,南宋末期时建成南浔镇,现今已成黛瓦粉墙、河街相交、古韵悠然的水乡重镇。

最佳旅游时间: 四季皆可。春暖花开与秋风送爽的时候更佳。

特色美食:

粉丝千张包: 千张薄而韧,包得密不透气。馅心用纯精腿肉、朝鲜开洋、日本干贝等制成,香浓汁鲜。粉丝短而粗,柔软入味。

双林姑嫂饼: 扁圆形,厚薄均匀,表面印模清晰,底面光洁,粉质细腻、油润,呈浅灰色,有麻油香味,酥松爽口。

▲ 婺源的美是与油菜花和粉墙黛瓦的徽派建筑联系在一起的，缺一不可。

Wuyuan
婺源 花海衬水墨

地处江西省东北部，与安徽、浙江两省交界的婺源，因为拥有绝美风光与古迹建筑，一直被外界誉为"中国最美的乡村"。

这里是中国人心中最美丽的乡村，是被诗歌反复煽动着的美丽意象，又被充分地理想化，仿佛生活在这里什么也不缺少，只需尽情去享受。

婺源的美是和油菜花田联系在一起的，就像同它一样的黛瓦粉墙的徽派建筑。朱熹时候的婺源，也一定是村头村尾开满了油菜花，若不是这样，他也不

会叫喊道"一生痴绝处，无梦到徽州"了。

似乎在不久以前，婺源还是属于安徽的，直到20世纪三四十年代才被划到江西的治下。对于婺源，有一个词条现在被大家叫得最响亮：徽州文化。古时候，大概是宋朝吧，徽州府的辖地包括歙、黟、婺源、休宁、祁门、绩溪六县，但是就徽州文化本身光大和浓郁的气候来说，婺源堪称是最盛的。

婺源的建筑无可辩驳地属于徽派，从城市到乡村，莫不如此，以至于人们为徽派建筑的风格寻找标本的时候，就会提到婺源。在婺源民俗风情街上的那些建筑，如果仔细地考察一下，哪一座不是青瓦白墙，哪一座不是马头山墙？亭台楼榭，哪一座不是婺源特有的那种味道呢？在乡下，徽派建筑的空间就更广大了，徽派民居的风格也被演绎得淋漓尽致。每一户人家都极力地修饰自家的黛瓦粉墙，青白的颜色在视界里那样了然清晰，而许多家的房子以一种随意的秩序在水塘边上排布开来的时候，衬着青草的绿色和房前屋后一片花黄的油菜田，显得那样高雅舒适。

婺源的百柱宗祠，是徽州宗祠文化的经典代表。这座位于黄村的宗祠始建于康熙年间，名为"百柱"，实际上用到的是99根。这是一栋可以拿来和当时的金銮殿相媲美的建筑，几乎用尽了徽州文化里面所有的建筑智慧。

村落文化其实不是一种具体意义上的文化，或者就是婺源的农村在彼此间协调一致而又与外界的乡村借此相区别的一系列的特色。婺源的乡村叫得上来名字的有很多，秋口镇、江湾镇、李坑村、清华镇、虹关村、古村青林、庆源古村。这些乡村的景物风格大致都是"水绕山环"的模样。"古树高低屋，斜阳远近山，林梢烟似带，村外水如环"，如果不是因为你亲自置身婺源，你一定会认为这样的诗句只是诗人们写出来的过于美化的应景的句子。但是婺源古村的风景就是这样如诗如画，就像与江南有关的水墨画里所点染的那样，梯田、溪流、古树、民居、木桥、牧童，一样都不会少。

程朱理学是婺源山水育人的骄傲。紫阳古街上至今留存着朱熹的祖居，不仅仅是为纪念一位生长于斯的学者，更是对朱子文化的肯定。婺源的民俗就是徽州的民俗，因为曾被从理学的高度仔细地打量审查过，所以一点不见丑陋，

▲ 梯田依山顺势，油菜花直连云天，让人无不为这种磅礴的田园般的美景而叹服。

相反，一切中规中矩，合乎礼仪。以六月六日为例，这一天是婺源民俗上所谓的洗晒日，就是将家中衣服浆洗好了，放到太阳底下晒干，据说可以祛邪防虫。但是久而久之，读书人也参加了这样的活动，将自己所有的藏书搬到太阳底下晾晒，据说晾过的书可以在一年里不被虫吃鼠啮。

以上就是婺源可以作为徽州文化杰出代表的一些理由，当然这似乎也不能道尽婺源风物人情所有的可爱和极致。婺源给人的感觉不是僵硬的，而是一种柔软的亲和状态，以至对这块土地，我们的心永远也不会觉得陌生，而对那里按捺不住的渴望使得婺源的形象在我们的精神世界里一再顾盼生姿。

到婺源去吧，在那片油菜花田上耕读，我们永远都不会老。

旅程随行帖

岁月年轮： 唐开元二十八年（740），此地正式设县，至明清时期已极为兴盛。

最佳旅游时间： 春天是婺源旅游最好的季节，尤其是4月，漫山的红杜鹃，满坡的绿茶，金黄的油菜花……

特色美食：

荷包红鲤： 鱼肉肥美细嫩，鱼刺少，汤鲜味美，味道和平常的鲤鱼很不一样，即使看着也会很有食欲。

蒸汽糕： 用磨成粉的米制成，薄薄的一层，上面撒有香菇末、虾米、豆芽末等辅料，蒸熟后撒上葱花，浇上辣椒油，美味无比。

Likeng
李坑 小桥流水人家

　　收获的季节，默默地走在李坑悠长的石板道上，可以看到一个个背着稻谷的村民，穿过小桥，往深幽的街巷走去，单薄的背影渐渐远离视线，只留下铿锵的脚步声回荡在高墙间。溪水淙淙，思念也重重，这样的景致总是让人惊讶的，不知道为什么。

　　李坑位于江西省上饶市婺源县秋口镇，距离婺源县城不远，中间有平坦的马路，途中可以观赏到纯粹的山间美景，青山依旧，绿水长流——这就是李坑给

Chapter 1 · 梦萦水乡，时光深处的柔情 ·

◀ 贯通村内街巷的溪水，九曲十弯，数十步之遥即可见的青石板桥连通了家与家的往来。古旧的民居依然自信地保持着原貌，与溪水一同固守着逝去的岁月。

人的第一感受。在那里，有山有水的地方都叫"坑"，村人多姓李，所以就叫"李坑"了。

村口有一个高挑的牌坊，顶部隽秀的"李坑"二字告诉人们，真正的"小桥流水人家"就要到了。一片美丽的田园风光，农家门前自辟的小园，长着葱葱的几畦青菜，小园近旁流水淙淙，与旁边的白墙青瓦相映成趣。村口几棵硕大的古樟枝繁叶茂，生机盎然。古徽州地区的百姓似乎对樟树有一种特别的感情，据说婺源人家在喜得千金之后，总要在门前种一棵樟树，待到女儿长大，樟树便也成材了，可以为出嫁的女儿做嫁妆。香樟的生命力很强，按照当地古老的说法，假如樟树长不好，那就预示着这家的"风水"不好，就没有人愿意和这家结亲家了。村子两侧青山隔溪相望，一条青石板路不知道从哪里伸出来，悠然地向村内延伸，路面的斑驳与残破，似乎在告示游人

▲ 阳光下，孩子们在村中尽情玩耍。

▶ 掩映于溪流绿荫中的文昌阁，共三层，木质结构，据说建于北宋年间。文昌阁是古徽州对每个村口建筑的通称，借此希冀全村文运昌盛。

它曾经承载的风月与繁华，经历的岁月与沧桑。

  蜿蜒的小溪穿村而过。溪水是李坑不能缺少的风景。小溪漫漫，每隔一段距离，就能看到村民用来引水灌溉的装备，装备看似简单，用剖开的竹筒捆绑而成，但是却透露着诗意。点缀在溪上的座座石桥，或长或短，或平坦或耸立，给小溪增添了无穷的韵致。坐在桥上，看着青山环抱、绿水萦绕、田园青葱的小村，风光旖旎，一切都是那样的和谐，那样的安详，那样的古雅，教人不忍离去。

  雨中的李坑别有韵味，有些苍茫，有些寂静。山峦间飘荡着层层的雾霭，山，看不见顶；房屋，隐去了清晰的面容。偶有清风拂过，黛黑的马头墙缓缓地崭露头角，墙头还有一株小草在颔首微笑。浓雾笼罩下的一切都显得有点模糊，却又更富诗意，平整的石板路、马头墙、青石门、牌楼、茶亭、廊阁都是那么的有神韵，让人不知是身在现实中，还是在梦境里。

婺源商人是徽商的重要一支，在李坑也不乏气势恢宏的豪贵建筑。走进"大夫第"，看见门口那高贵的门槛，高啄的檐牙，屋内有梁雕、窗雕、门雕，都栩栩如生。据说大宅内有雕刻的，祖上大多为官或是大商贾。李坑有雕刻的古宅很多，村头村尾均可见到，历史悠久，这一切无不显示着昔日李坑的富贵与荣耀。难能可贵的是这些豪门虽然富贵却不欺人，所建房屋均削去一角，因为在徽商的心里，自家锋利的屋角会对邻里造成不利的影响，于是自动削平屋角。而且，后建屋的人总是比先建屋的后退几尺，表示礼让之意。有着近400年历史的"铜绿坊"是这种徽派建筑的代表。"铜绿坊"的主人是一位官商，在清代以经营化工生意起家。

文昌阁是李坑人为保佑后人金榜题名而建的庙宇，二楼的墙上挂着李坑的18位进士的画像。文昌阁里，又不知有多少归隐权贵、文人雅客曾在此处品茶对弈、吟诗作画，尽显风流。除了这些出名的富贵宅子，普通人家的生活也是

▲ 青山环抱、绿水萦绕的房舍和田园般的小村，风光旖旎。

很有韵味的。简朴的古宅里一样窗明几净，摆设虽然不多，但大多古色古香，无不流露出远古的气息，让人深刻感受到传统的民俗与文化在普通百姓中的坚守和传承。

穿过小巷，柳暗花明又一村，李坑的韵味不止于此，原来在闹而不喧的集市上闲逛才能发现李坑的真正魅力。河流从镇子中穿过，老板就在船中招揽生意，河道两旁是挂着大红灯笼的古老商铺，商铺前的青石板上人声鼎沸。在桥头上俯瞰桥旁两岸的人潮，让人想起当年这里应该也是如此，商贾云集，人来人往，热闹情景不亚于秦淮河上夜夜笙歌的景致。茶庄，酒馆，各色店铺；叫卖声、脚步声、船桨声；茶香、饭香，各种货品的清香……各种声音，各种气味和颜色交互着、传递着，令人快乐得都有些醉了。

若你嫌沿溪的店铺太过吵嚷，可在溪边随意选一艘小竹筏，让主人带你漂流。小溪安静地流淌着，坐在竹筏之上，身体跟岸边的房子挨得那么近，岸上的一切，都看得真真切切。一户人家的门敞开着，院里摆着几盆小花，一条大黄狗懒懒地趴在花丛下，拨弄着脚底的土，很是悠闲。桃花源也不过如此吧，过着简单的生活，保持着和善淳朴的民风。

溪边的茶楼倒是很安静，屋檐下挂着两串大红灯笼，在风中摇摆，向来往的游人示意。挑一地势高的，探身窗外，就能将李坑"小桥流水人家"的美景尽览眼底。李坑的茶都是婺源当地的茶，很淡，香味幽远。有的茶楼还配有露天阳台，明净的夜晚，体味一番"举杯邀明月，对影成三人"的境界也是不错的享受。除了茶楼，李坑的乡间小路上也常有供游人休息的茶亭，静坐其中，吹着凉爽的山风，喝着自带的饮料，也是件惬意的事。

油菜花开的时候，蜜蜂纷飞，莺鸟啼鸣，视线的远方还露着民宅的一角，这时告别李坑就会很难受，带着满满的美好记忆，就此起程吧……

旅程随行帖

岁月年轮：历史悠久，于1010年开始建村，迄今已有1000多年的历史。

最佳旅游时间：一年四季均可。春、夏季为最好的旅游季节，尤其是初春，树木方吐新芽，大片的油菜花盛开，极为壮观。

特色美食：

李坑炙肉：烤熟的五花肉，形体收缩，焦黄略红，外脆内松，风味独特。这道菜的出彩之处就在于烤肉用的是糠灰，如果不用糠灰烤，味道会大打折扣。

花菇石鸡：这道菜采用黄山特产山珍花菇与石鸡同蒸。鲜香甜润，酥嫩爽口，回味隽永。

Zhujiajiao
朱家角 上海威尼斯

初到朱家角的第一感觉是,这是周庄的"小表妹",举手投足间的韵味都那么相似。荡舟街巷,才感觉她还是她。在江南水乡,流传着这样一句话:"南周庄,北周庄,不及朱家一只角。"这话可能有些夸张,但却也绝非虚言。

朱家角位于上海西郊,紧临上海地区最大的淡水湖淀山湖,跟江苏、浙江接境,从宋代起就发展成为著名的集市。镇内小桥流水,古意盎然。站在放生桥上俯瞰漕港河两岸密集的商家,聆听河道中的流水潺潺;到城隍庙的许愿树下系一条红丝带,双手合十许个愿;在圆津院前停住脚步静静聆听悠悠禅音……所有的事情都好像是在梦中经历过一般。

大凡名镇,都有一些可供人一谈的地方。朱家角有"三多":名人多,明清建筑多,河埠、缆石多。山清水秀的地方总会有很多人才,正所谓人杰地灵。朱家角在明清两代共出进士十多人,还不乏行

▶ 朱家角的放生桥是上海地区最长、最大、最高的五孔石拱桥,称为"沪上第一桥"。

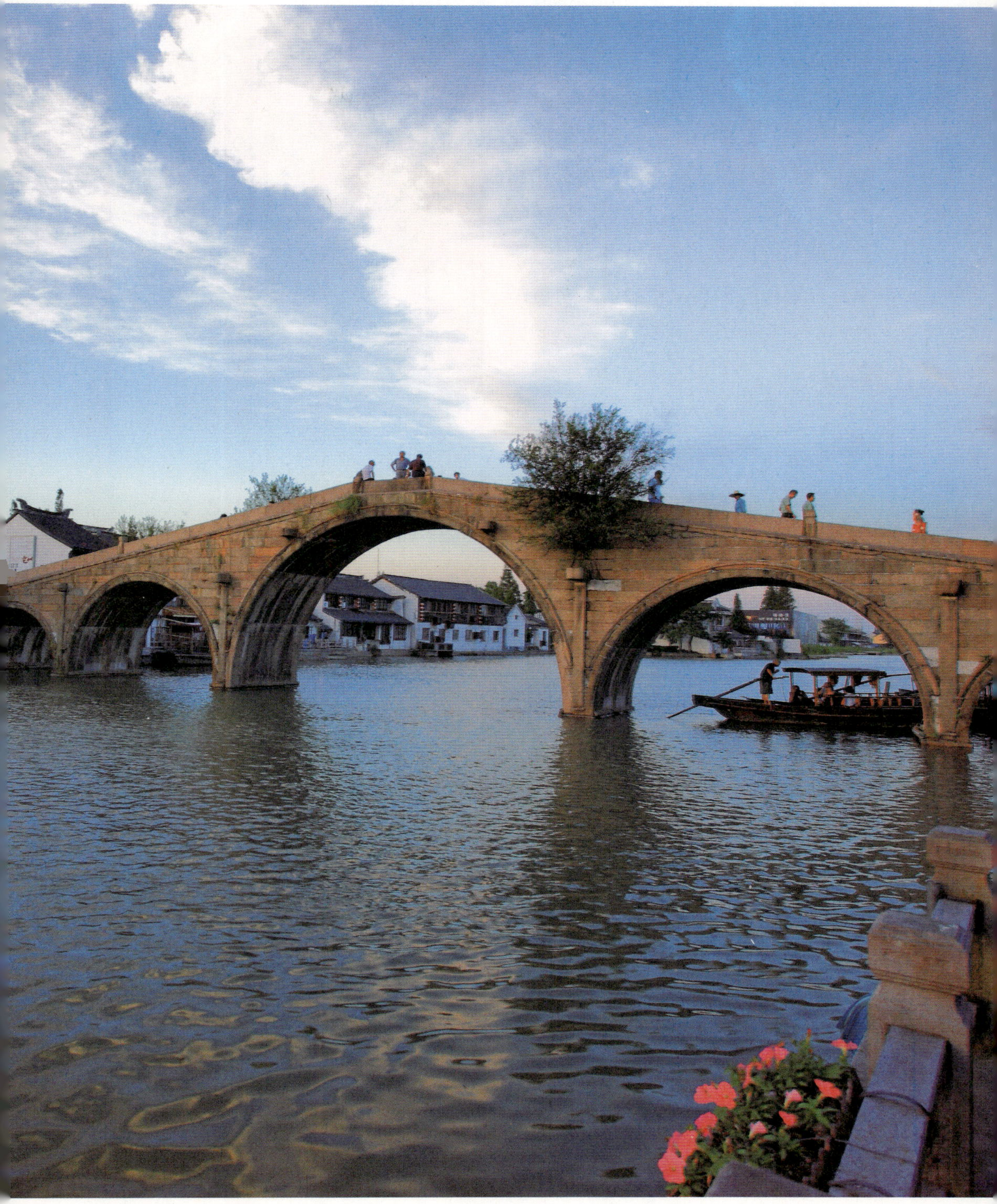

业的精英，只是一般人都不知道他们的名号。当然，有些历史的地方必有很多古老建筑，朱家角的建筑以明清建筑为主，三泖渔庄、王昶故居和无数的沿街明清建筑，让人仿佛置身某个明清影视基地。水和桥恐怕是江南水乡的永恒话题，河道纵横，商船往来，在遥远的年代，船舶是朱家角百姓的唯一交通工具，河埠、缆石多也是必然的了。

"小桥流水人家"，自然是江南水乡的独特风景。其中小桥在江南水乡既是必不可少的交通要道，又是不可不看的一大景观。在朱家角古镇上有很多桥，那些石拱桥、石板桥、砖木结构的古桥有的还是明清时代留下来的。其中最著名的是放生桥，这个名字就很耐人寻味，就是"放生积德从善"。据说是一个僧人修了此桥后规定在桥下只准放生鱼鳖，而不得撒网捕鱼。现在桥两边有不少卖鱼鳖的当地人，虽然有些流于表面，但还是可以花两块钱买一条小鱼放到河里去体会一下佛心的。

放生桥桥身的缝隙里突兀地长出两棵小树，枝繁叶茂，郁郁葱葱，好像压在五指山下的孙行者遇着了唐三藏，被一句佛语点燃了生命的火。在放生桥的青石台阶上一直走到桥的拱顶，朱家角的全景尽收眼底。这秀美婉约的风景定会闯入你的梦境，而你又在装点谁的梦呢？

穿街走巷，小小的镇子安静祥和，大多人家沿河临水而住。小河边石头砌成的堤岸左拐右拐，每过一小段就有台阶向下到河水边，洗衣、洗菜，随意而为。河道边有很多小巷子，极窄，走进去就是一个天井，几家人合住。

荡一叶小舟，悠然地在明晃晃的河道里游走，座座拱桥从头顶划过，听撑船的老人慢慢地讲着朱家角的古老传说，水声、桨声、笑声、吴语，在耳边汇成一曲曼妙的轻歌，在这"威尼斯"小镇上空回荡……

Chapter 1 · 梦萦水乡，时光深处的柔情 ·

▲ 放生桥

放生桥如彩虹般横跨于漕港河上，现桥上有龙门石，镌盘龙八条，环绕明珠，形象逼真。桥顶四只迎客石狮，仰头张嘴，憨态可掬。中间有竹节望柱，桥面中央镶嵌雕花石板。

◀ 落日余晖下的朱家角，静谧中透露出一种温馨。

旅程随行帖

岁月年轮：宋元时期这一带渐成小集镇，明清时期长盛不衰。
最佳旅游时间：四季皆可，以春、夏、秋最佳。

特色美食：
红烧扎肉：扎肉是用粽叶包着五花肉一起红烧，肉质鲜嫩香滑，带有淡淡的粽叶清香。
香糯糖藕：将藕孔填塞糯米，加糖加水煮透，香甜可口，甜而不腻。

专题

曾是惊鸿照影来——历史上江南那些才子佳人

青春才子有新词，红粉佳人重劝酒。那江南的渺渺烟波，不住神仙，只有人间的才子佳人梦。同携手，共欢歌，看遍了雪飞红雨，尝遍了喜怒哀乐，戴过乌纱帽，住过烟花楼。百年后，依旧希望可以年年如此芳菲，岁岁于此为客，让江南常好、人常安乐。

江南是一幅清幽的水墨长卷，历史中江南的才子佳人款款走来，而有"秦淮八艳"美称的那八个才貌双绝的女子，最是能代表江南的风雅。才艺绝佳的柳如是，深情可感的马湘兰，倾国倾城的陈圆圆，蕙质兰心的董小宛，胆识过人的李香君，等等。而江南才子在青山绿水间、烟波浩渺中，激发出了最昂扬的生命力。一眼望去，画卷中走来了风流倜傥的唐伯虎，能诗会书的祝枝山，艺术全才姜夔，浪漫的生活美学家李渔，"今之欧阳修"归有光，等等。

江南女子是魂韵，江南才子是风骨，一起丰满了这片山水的清明，令人觉得，一生在江南走走停停都不够，还祈求来生也能结识这方水土的风貌与精灵。

西施：一腔孤勇的美丽女子

西施出生在浙江绍兴的一个小村庄，以娇弱之身担起了越王匡扶越国的壮志，孤身一人投入吴王怀抱，搅乱吴国，让越国有了可乘之机。

吴国覆灭之后，西施的去向却成为千古谜案。有人说她自觉愧于吴王而自缢，有人说她追随范蠡私奔，有人说"飞鸟尽，良弓藏"，她被越国沉于江河……不管她在哪里，那分孤胆勇气值得在江南的山水间世代流传。

▲《西施浣纱图》·现代·孔庆义

柳如是：秦淮河岸的一曲绝唱

秦淮河岸，烟波荡漾，溪水流淌冲击着岁月的河岸，江南的雅致清丽孕育出世间奇女子。柳如是就是这秦淮河岸的一曲绝唱。柳如是，本名杨爱，后改名柳隐，字如是，又称河东君，丈夫为明清大才子钱谦益，因读宋朝辛弃疾《贺新郎》中"我见青山多妩媚，料青山见我应如是"，故自号如是。柳如是是活动于明清易代之际的著名歌伎才女，幼即聪慧好学，但由于家贫，从小就被掠卖到吴江为婢，妙龄时坠入章台，易名柳隐，在乱世风尘中往来于江浙金陵之间。

以才华而言，柳如是可称为秦淮八艳之首，精通音律，妙于歌舞。她虽然身处脂粉之地，却倜傥自如，不但工于书法，备受后人赞赏，被称为"铁腕怀银钩，曾将妙踪收"，诗词也有较高造诣，诗稿《湖上草》《戊寅草》等文采斐然，"艳过六朝，情深班蔡"，是清人对她诗文《尺牍》的评价。但真正叫后人记住她的名字、对她产生无限向往的，并不只是这些，而是她在明清易代之际表现出来的强烈的爱国气节，以及她与明末清初著名文人钱谦益的爱情。

董小宛：金陵中的一抹绚烂

十里秦淮，点缀着诗画里的江南山水，河面上船舫摇曳，乌篷船头一盏暖黄的灯，歌伎的琴声飘荡空中。在这风景如画的秦淮河畔，东风吹皱了春水，名人文士都齐聚于这烟柳繁华地，多的是诗词歌赋、琴棋书画样样精通的如云佳丽、英俊才子，尤其在明末清初之际，秦淮河畔可歌可泣的故事可谓一幕接着一幕上演。

董小宛，名白，字小宛，号青莲，因父母仰慕李白而起。她的性格中自有李

董小宛故居

白那种豪放潇洒的真性情，她性情的另一面倒是更像她的另一个小字"小宛"，是温柔婉约、娟秀和顺的。她原是苏州董家绣庄的千金小姐，从小备受宠爱。董家是苏绣世家，有200多年历史，绣技高超，生意不断。可是天有不测风云，她13岁那年父亲突然病逝，加之战乱，家族生意没落破产，母亲也病倒在床。素来性情孤高的小宛开始在秦淮河畔画舫中卖艺维生。

之后的岁月中，董小宛和她生命里的真命天子冒辟疆数次擦肩而过，数次互相追寻。终于在1642年冬，董小宛被冒辟疆安顿在"水绘园艳月楼"内辟为"别室"。第二年春天，她被领进了冒家的大门，开始了晨昏厮守的生活。可惜，乱世中身不由己，宁隐居也不仕清的他和只求与他静度余生的她，不得不四处逃难。没有人能确定，是否如冒辟疆所言，在1651年，28岁的她，因为逃难时的辛苦以及近半年照顾他的劳累而患病去世，还是早已在逃难的路上失散，自此不知下落。

而如今秦淮河畔的春风中，却还飘荡着这一段传奇往事，令人唏嘘。

阮籍、嵇康：纵情山水的真性情

北方文人多张狂，到了南方后更忠于避世。江南好山水，烟波浩渺，没有北方气吞万里如虎的势头，更多的是耳边不断回响跳跃的吴侬软语。大概是这样，再加上朝政的深度迷乱，让他们更乐意寄情山水，颓废着度日。

你看阮籍、嵇康在北方尚有嚣张的政治理想，到了南方后，便终日浑噩散漫，饮酒作乐顺带老泪纵横。刘勰说："嵇康师心以遣论，阮籍使气以命诗。"到了南方后，师心与使气都丢了，换成了装疯卖傻，并以此为种，在南方潮润的空气里生根发芽。

后世的南方文人以此为基因，多少带着些放荡不羁，所以谢灵运猖獗高傲、唐伯虎风流一世、周邦彦性格疏懒、罗隐"今朝有酒今朝醉"……

唐伯虎：江南第一风流才子

一提到江南四大才子，首先想到的就是唐伯虎。而说到唐伯虎，首先浮现在脑海的就是一个风流倜傥、放浪形骸的形象。著名的"唐伯虎点秋

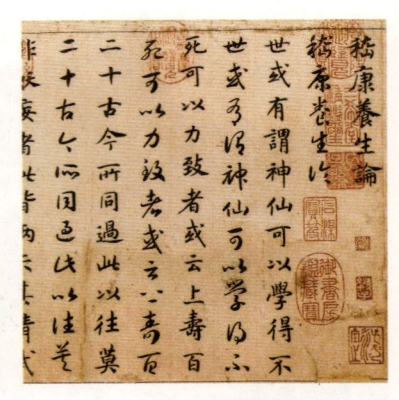

▲ 嵇康的《养生论》

▲ 唐寅的《事茗图卷》

香"桥段，就把唐伯虎的幽默、机警和对爱情的执着追求表现出来了。而历史上的唐伯虎却是个悲剧式人物。

唐寅，字伯虎，出身在苏州府吴县的一个商人家庭。唐伯虎自幼天资聪颖，熟读"四书""五经"，并博览史籍，16岁秀才考试得了第一名，轰动了整个苏州城。20岁时家中遭遇不幸，父母先后逝世。妻子在他24岁时病逝，妹妹也相继离开人世，家境衰败，他也开始变得穷困潦倒。最后在好友祝枝山的规劝下潜心读书，其间又娶一妻，29岁时参加应天府公试，得中第一名"解元"。30岁赴京会试，却受考场舞弊案牵连，被贬斥为县吏。

心高气傲的唐伯虎决定再也不涉足官场，再娶的妻子也因之离去，突发的变故让唐伯虎丧失进取心，从此游戏人间，专心练习作画书法，纵情于酒色当中来自娱。而后又娶了沈氏，钻研佛学，创作绘画作品，靠卖字画为生，最终在54岁病逝。

归有光：著作繁富 散文扬世

人人都记住了《项脊轩志》里那句"庭有枇杷树，吾妻死之年所手植也，今已亭亭如盖矣"，那喷涌而出的思念与孤单的悲伤，都在短短的几十个字里。归有光的散文一向如此，朴实却真挚，被后人称赞"明文第一"。归有光是明朝"唐宋派"的代表作家，人称"今之欧阳修"。

归有光出生在苏州的昆山，后来在嘉定安亭江上定居，60岁的时候才考中了进士，参与《世宗实录》的编修，6年后病逝，仕途十分短暂。

在妻子去世的那几年里，归有光一直和妻子陪嫁的婢女寒花为伴。寒花跟着妻子来到归家的时候不过10岁，5年后妻子去世，寒花便负责照顾归有光的饮食起居，也在寂寞的日子里给予了陪伴。可惜4年之后，寒花病逝，归有光生命里的感情就此熄灭。悲伤之下，孤单更甚，提笔写了《寒花葬志》，"回思是时，奄忽便已十年"。

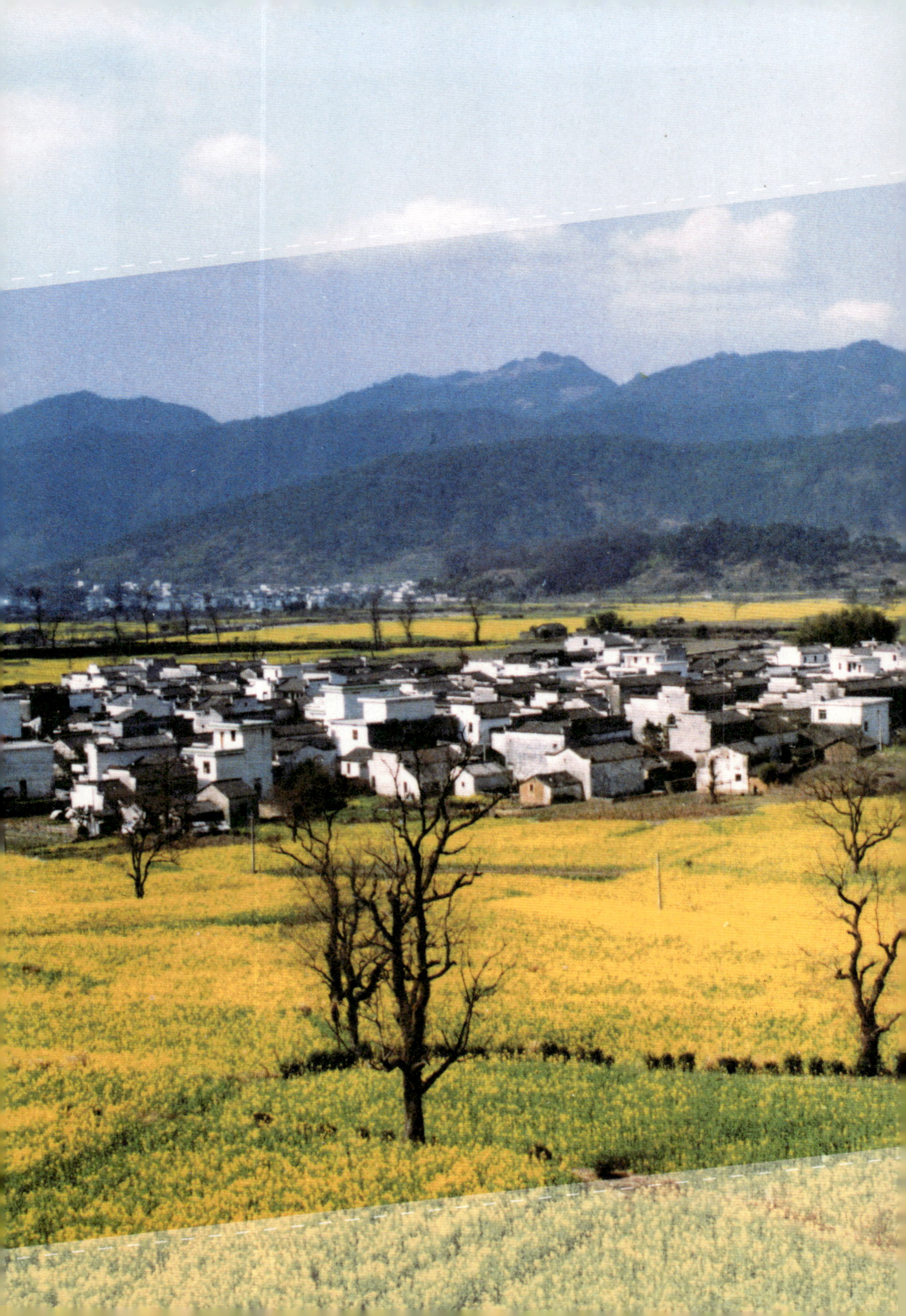

Chapter 2

悠悠小巷，袅袅炊烟
——白墙灰瓦间的古意村落

Guodong
郭洞 今生梦寐无尽时

刘若英在一首歌里潇洒地唱道:"什么事我最渴望,睡懒觉和不化妆。搬到一个小村庄,真的去数羊,一个人游荡……"也许在一个美丽而安静的地方,喝一点自酿酒,找一张软软的床,一觉睡到大天亮,是很多人心中的梦想吧。郭洞,就是这样一个地方。

乍听到这个名字的时候,很多人会以为郭洞是一个神秘的洞穴,真正见了面才知道并不是想象中的深山老洞,而是在群山幽岭之间,一个"山环如郭,幽峰如洞"的古村落。而且郭洞人也并不姓郭,他们姓何。

径直走在一条鹅卵石的小道上,旁边是被古城墙围绕着的葱茏古树群。这里的许多树可能都种了三四百年了吧,要几个人才能围抱。据说郭洞人视龙山为神山,严加封锁,保护植被,甚至体现在郭洞过去的族规上:上山砍伐一棵大树者,断其一臂;砍伐一棵小树者,断其一指;折一树枝者,拔其一指甲。应该感谢这样严厉的族规,使村庄的空气格外清新,沁人心脾,一走到这里就有种清新怡神的感觉。抬头仰望这些古树,似乎可以感觉到古人天人合一的崇高境界。不要小看了古人的智慧,听说这个小小的村子竟然是根据阴阳五行而建的。在树的映衬下,脚下的流水也似乎有了灵气,让人驻足良久。也许是生活在都市太久,已经见不到"绿色"的河水,而今脚下这条小溪清澈见底,有小鱼在其间自由戏水,好一派世外桃源的景象。

顺溪上行,踏入幽静的进村小道,鹅卵石铺就的路面疏密有间,晴雨皆宜。或许经历了岁月风霜洗刷,石子一颗颗均泛着幽幽的色泽。循着小道一路来到苍老城垣下的古城门前,城门两边赫然写着"郭外风光古,洞中日月长"的对联。好一个"洞中日月长",这莫不是一扇将尘世喧嚣阻挡在外的隔世之门?走进村子,便可看见大片的明清时的建筑,许多看上去只是不起眼的民居,但要是仔细看看那些细

节的地方，也会看出一些不寻常来。一扇普通的窗子，竟会用上镂花、浮雕等不同的雕刻工艺，虽然时间让这些雕刻不再栩栩如生，但仍可以看出当年工匠的心思。这些建筑中，最显眼的便是何氏宗祠，应该是明代的，经过数百年的时光历练，至今看上去依然很有气势。可惜的是宗祠的大门平时是不会开的，而且还用一块两尺高的木板拦在门槛上，只有祭祖、宗族大会或贵宾来访时才开。跟古代相比，现代的建筑技术不知先进了多少，但是古代建筑在气势上可不输现代建筑。据说，何氏家族世代书香，英贤辈出，曾有先祖担任过宋徽宗时的丞相，后世子弟中将领名骚也不乏其人，正是因为有了这份积累才会让他们的宗祠有这种气势吧。

　　从古宅中走过，所有的感官都被调动起来。好像身边有一位老人，慢慢地讲述郭洞逝去的岁月，又仿佛身陷于某个错落的年代，有点恍惚。

▼ 郭洞人居住的青砖黑瓦的民居。青草覆盖的碎石小径两旁的房屋并不高，就连点缀在其间的小树也显得很秀气，浓浓的生活气息从晒在匾里的农家作物中透出来。

Chapter 2 · 悠悠小巷，袅袅炊烟——白墙灰瓦间的古意村落 ·

▲ 布满爬山虎的回龙桥下，一名村民在洗衣。

▶ 在家里，村民忙着编筐。这就是农家的日常生活。

Chapter 2 · 悠悠小巷，袅袅炊烟——白墙灰瓦间的古意村落 ·

晚饭过后再沿着小道出来走走，凉意袭身。夜晚的郭洞一片沉寂，没有霓虹灯的照耀，更让人觉得神秘。不禁感叹，如果在这里购一间小屋颐养晚年一定是最惬意的享受。这也许只是一个遥远的梦想罢了，因为现代人的生活有太多的依赖与牵连，有太多的不能割舍。不过，在这里多逗留些时间还是可以的，喝点郭洞人家酿的米酒，吃点文火慢煨的竹筒饭，然后觅一处洁净、绵软的卧榻，睡一个悠然、舒畅的长觉……

旅程随行帖

岁月年轮：其历史可追溯到宋代，建成年代不详。
最佳旅游时间：4～6月。

特色美食：
宣平馄饨：手工打的皮极薄，肉馅饱满，白里透红。水煮沸后，立刻投入馄饨，一烫就熟，吃起来有着特别的风味。
拔丝宣莲：宣莲色白芬芳、颗大粒圆、肉厚易酥、营养丰富。拔丝后色泽黄亮，外焦脆，内粉糯，特别美味。

Xiaoqi
晓起 油菜花黄香樟古

晓川《汪氏宗谱》载:"(晓起)青山环绕,绿水潺潺,地沃草肥,花香四野。"晓起,传闻中一个风景如画的江西田园古村。然而,当我们来到晓起的时候,才发现用"如画"来形容晓起是不够的。

晨雾笼罩中的晓起给人一种水墨的清冷,美丽的水口,参天的古树,庄重秀美的民居,高雅精致的"三雕",你会怀疑晓起是由古人的水墨画卷还原而来的。

▲ 每年三四月份油菜花飘香的时候，就是晓起最美的时候。群山如抱，蓝天碧水，粉墙黛瓦的古老村落点缀在广阔的油菜花丛中，如同一幅花黄柳绿的写意丹青。

　　初到晓起，便被云雾缭绕的水口震住了。水口双瀑下两座千年的石碣，让我们第一次看到"水往高处流"的奇景。而石碣旁边，千年香樟遒劲的枝丫横亘水上，古树身上青藤的丝缕已垂入水中，衬托出一片宁静与悠然。据说双碣可以关住村中福气，而香樟林能够挡住邪

▲ 在晓起，有很多这样古朴典雅的古老建筑。

气，两者结合，晓起成了风水先生眼中的宝地。水口前有号称"江西第一大牌楼"的晓川牌楼，高14.8米，宽14米，庄重地矗立在清风碧野间。穿过牌楼，便来到千年古桥嵩年桥上一座凌空而建的竹茶楼，在茶楼里沏上一壶婺源的名茶，迎着山野的晨风，听脚下流水潺潺，观两岸水上人家，一路的奔波竟只剩恬静与悠然。

沿着驿道往村里走，自然与古朴的感觉袭面而来。青石板铺就的驿道纤尘不染，倒映着晓起明清时期徽派建筑高峻的马头墙，折射出幽幽的光。晓起，多么像历史博物馆中悬挂着的黑白旧照片。石板中央的车辙不经意地显露了晓起昔日的辉煌，比如文人的金榜题名，商贾的满载而归。而这些辉煌穿过流逝的岁月，只剩下这两轮车辙供今天的我们去想象。

黑亮的青石板把我们带到了村中久享盛名的汪氏"三雕"。"三雕"在清末徽商汪允璋、汪允圭兄弟俩建的继序堂、礼耕堂中，是晓起独有的雕刻艺术。礼耕堂的垂花式门楼高雅精致，大型砖雕整幅镂空，共刻画了"琴、棋、书、画"四幅陶冶性情的生活场景。门楼下面四块诙谐的石雕，分别用"雀、鹿、蜂、猴"隐指"爵、禄、封、侯",庄重而幽默,商人想做官的心理可见一斑。

走出礼耕堂就来到村西北角的三月井。三月井建于唐代末年,取北山泉水,清冽甘醇,四季不涸,几百年来静静滋润着一代又一代的晓起人。村里人告诉我们,每到月明星稀之夜,月亮在两井中各映出一轮月影,人站在两井之间,看到天上的月亮与水中双月相映生辉,于是村里人称此为"双井印月",又因为此时能看到三个月亮,故取名"三月井",真是"举杯邀明月,对影成三'月'",别有一番趣味。

穿过村子,来到人称"金坞"的名贵古树观赏园。园中共有古树600多株,高大青翠,遮天蔽日。园中不仅有千年的古樟、古枫树,还有楠木、红豆杉等珍贵树种,晓起"生态绿洲"的名号真是名不虚传。古树上缠绕着手臂般粗大的藤蔓,千年的古树,也只有千年的藤蔓才配得上吧。古树园最先攫住我们视线的,是一棵编号850的古樟,它已有1570年的历史,见证了晓起曾经的荒凉、繁盛和今日的清幽,也目睹了晓起人千年来的风雨悲欢。

就算是仲夏时节,古树园也十分凉爽,没有一点南方夏天燥热的感觉,夹着草木和泥土气息的微风在林间婆娑起舞,树叶沙沙作响。听着知了清越的叫声,鸟雀窃窃的私语,仿佛是进入了一片古森林。在金坞的山顶俯瞰整个晓起,古朴高雅的明清建筑,曲折宁静的石板小巷,如绸的河水,清瘦的小桥,这个千年的古村落有着江南水乡梦幻般的景致。

炊烟缕缕,水车吱呀,清浅的河水,惬意的摇船,苍翠的香樟下,一两声牛的长哞,让人不想归去。

晓起,好一幅让人清净、让人平和的山水画卷。

旅程随行帖

岁月年轮:始建于787年,几经变迁后,现存屋舍多为风格鲜明、式样多种的清代建筑。

最佳旅游时间:3~4月和10~11月,风景如画的田园风光最动人。

特色美食:

糊豆腐:味道鲜而且清,是当地代表菜。豆腐切成小粒,非常入味。

Nanping
南屏 梦中的桃源

南屏是寂寞的，虽然她也有近千年的历史，但是一直以来，她都只是个默默无闻的小村子，没有名人从这里走出去，中国近代大大小小的战争也没有把战火蔓延到这里。但是南屏的寂寞正是游人的大幸，在城市里待得太久，来到这寂寞的小村，浮躁的心也安静下来，仿佛这里就是陶渊明笔下的"世外桃源"，外界纷纷扰扰的争斗与这里是隔绝的。

南屏的小路，石块大小不一，高低不平，踩在上面，略有点硌脚。难能可贵的是，虽然游客不算少，但村子还是挺安静、挺本色的，没有被过度商业开发而污染。小河边，经常能见到写生的人，认真的表情让人不忍打扰。

大家怎么也不会想到，进村的路居然是从一家小院中通过，而且院子里还住着人。一进院子，那藤蔓交错、枝叶缠绕着的石墙，院墙一角那围着喝茶谈天时用的美人靠，院中央矮矮的石桌，光洁的石板地，那干净整洁的回廊都足以把游人深深地吸引住。站在院子里，想象着，要是石桌上再放两杯冒着热气的茶该多好啊。老人们迈着安然的步子静静地穿过回廊消失在堂屋里。那种氛围会一下子拖曳住你的脚步。

出了农家小院的后院，就来到一条街上，街面非常宽敞，正对面的一幢老宅上赫然写着"叶氏支祠"四个大字。这间祠堂气势恢宏无比，祠堂的几十根立柱都是用银杏木做成的，庄严肃穆，还散发着阵阵香气。看着木制的大太师椅，不禁会想象着当年族长召集会议的情景，不自觉神态就会庄重而肃穆起来。

走出宗祠，七扭八拐地走在石板路上，这才体会到南屏为什么会有"古巷迷宫"之称。无数条古巷纵横交错在深宅高墙内，曲曲拐拐，弯弯折折，没有尽头。

深巷幽极静极，光线也暗，只见去路不见来路，也难见人影，站在巷子里连多余的声音都听不到。若是晚上来，怕是只能听见自己皮鞋叩响润亮的青石板而发出的悠长足音，仿佛走进一首长长悠悠的古老的中华民谣里。唯有早上

南屏错落有致的民居一角。南屏被称为"中国影视村",是《菊豆》《卧虎藏龙》《历史的天空》等多部著名影片的拍摄地。

▲ 南屏，依山环水，风光秀丽，景色优美。众多的祠堂、民宅、书院、神坛寺庙、亭阁园林及36眼古井泉组成了宏大的明清徽派建筑群；纵横交错、拐弯抹角的72条古深巷形成了神奇的乡村"迷宫"，充满了浓郁的传统文化氛围。

的太阳悬挂在重檐上，连绵起伏的鱼鳞瓦上铺着厚厚的一层迷人的光辉，间或从巷顶上洒落下来时，古巷才增添了些许生动的色彩。

"老杨家染坊"，也是不得不去的一个地方，电影《菊豆》的主要场景都是在这里拍摄的，想到电影中的场景马上就要真实出现，人们会不自觉兴奋起来。染坊的气势不比宗祠差，大厅很宽敞，只是没有那么多粗壮的立柱。三个方方正正的染布池，一架高高的晒布台，和几件叫不上名字来的织染工具，一切都静止在时空中。面对眼前的一切，一种莫名的欣喜和兴奋一下子刺激到每一个细胞，会有一股冲动要合上大门，把喧嚣和尘世统统关在外面，从而能静心地享受一个暂时属于自己的世界。染坊里的布匹，粗质的纹理掩不住岁月的痕迹，悬挂着的染布飘飘舞动，仿佛有个灵魂在述说。木墙上挂着剧组的海报，望着巩俐哀怨的面庞，似乎看到了那个年轻俊秀的姑娘在这染房中度过的灰暗日子，听到了她窒息般的喘息。

站在村中的最高点"孝思楼"上，放眼远山，青山沐浴在暖暖的太阳里，青紫色的薄雾在山峦间飘荡，远处田野里荡漾着悠扬的牧笛声，近处的草地上母鸡带领小鸡崽认真地觅着食，偶有调皮的几只左顾右盼，落在队伍的后面。真想就这样站着，或者唱着牧歌，和伙伴一起去放羊。

Chapter 2 · 悠悠小巷，袅袅炊烟——白墙灰瓦间的古意村落 ·

塔川 *Tachuan* 最爱红叶飘飞时

乍听"塔川"这个名字，你也许会以为这里定有很多徽派风格的古塔。事实上，黄山余脉下的这个寂寥的小村里，没有一座塔。但你大可不必为此感到失落，塔川的最大魅力在于她的秋色。

从宏村到《卧虎藏龙》的外景地——木坑竹海，途中就会经过塔川。背倚层叠的黄山余脉，遥临荡漾的奇墅水库，塔川的古朴民居依山势错落，远远望去正像一座镶嵌在山边的巨型宝塔。村中有一清溪穿流而过，直通奇墅，"塔川"便由此得名。

到达塔川下车后的第一道风景就是三棵百年大树，不用知道它们的名字，只消驻足凝目：斑驳的树干悠然而立，仿佛老者在向远道而来的人儿叙述塔川的沧桑历史；粗壮的树根裸露地表，像一只巨掌，支撑起遮天巨伞。渐行渐远，回首又见这几株古木，如直插云霄的利剑，如大地上的巨大花冠，又如肃穆的千手巨佛，无数巨臂伸向天空，仿佛要摘取天空中的星云。

进入塔川村，放眼望去，满眼的田园风情，你会禁不住自问：这莫不是陶渊明笔下的世外桃源？近处田埂阡陌纵横，几头大水牛悠闲地在田间吃草；古老的水车在水渠里咿咿呀呀不温不火地转着；田边的树林里几幢民居掩映其中，隐约可见高低不一的轮廓；远处山峦起伏，色彩斑斓。站在小山坡上整幅景色尽收眼底，如同色彩丰富的油画般让人赏心悦目，使人沉醉其中。

来塔川的人多半是冲着她绝美的秋色来的，塔川的秋色在于她变幻的色彩。山脚

下方圆上千亩的土地上，生长着几千株乌桕古树。乌桕的树叶多呈菱状卵形，春秋时节叶色明艳，霜降前后，树叶开始层层变化：由青转黄，由黄变红，而变换的步伐不尽相同，往往在一棵树上会同时呈现金黄、橘黄、浅绛、橙红等多种颜色，五彩斑斓。清晨时分还可以领略到雾霭笼罩、层林尽染、红叶映碧瓦、老树恋苍天的佳景。塔川的溪水汇入奇墅湖，冲出一大片丰沃的泽地。阳光暖暖地照下来，遍地粉色小花，指甲盖大小；牛马悠闲地啃草；山上一路白茶花盛开，蓝色的浆果色调艳丽；矮枝桑树蓬蓬地向着太阳，枝头顶着簇簇绿叶，很是好看。

　　天是许久不见的蔚蓝，树叶还留着新鲜的绿，仿佛季节从未更替。在林中四下走动，欢喜得无法言喻。年迈的树叶在风中舞动，阳光下变作半透明的金黄色。很想就这样躺下来，看落叶将地面铺陈得多温暖。很想就这样安静地阅读微风吹过的秋天。踩着地上厚厚的落叶，时而驻足观望村庄里跑出的小狗，

▼ 水塘雾色
蓝莹莹的水塘是大山里镶嵌的一颗蓝宝石，有雾缭绕的时候，垂柳、民居、大山就像是建在云中的宫阙般如幻如梦。

Chapter 2 · 悠悠小巷，袅袅炊烟——白墙灰瓦间的古意村落 ·

时而用脚踢弄着路边散落的石子，像个孩童般充满了好奇。都知道皖南深山林深木秀，也都知道徽州民居古韵隽永，谁想到这里的秋色竟然也如在画中呢！停车坐爱枫林晚，这样的地方一样合适，平和，安静，远处应该还有升腾的炊烟与薄雾中的村落。这是"最有气质的秋色"。

对着脚下的村庄微笑，这份发现，是旅途中最意外的惊喜。爱上这片山坡，因为她根本不像宏村，因为人们多不喜欢一成不变的风景。憧憬着在别处旅行，也许只是追求一份遗世而独立的心境。塔川，是个合适的地方，找个油菜花开的季节再来，小楼一夜听春雨，也许是一种更美的享受。

▲ 拍摄塔川秋景的游人

◀ 秋色中如诗如画般的塔川

　　沧桑的古树，斑驳的马头墙，低吟的水车，悠闲的老水牛，还有那深秋里如童话世界般绚烂的乌桕树，漫山飘舞的红叶……千万不要以为旅游对你而言只是谈资和记忆的积累，塔川——这里有更多、更美的……

旅程随行帖

岁月年轮：始建于北宋年间，因所建楼舍状如宝塔，故而得名。
最佳旅游时间：秋季。乌桕树等古树，每到秋季，满山树叶色彩斑斓，粉墙黛瓦掩映其中，美不胜收。

Tangmo
唐模 徽派园林的奇葩

　　游览唐模之后，我愿意把这里的碎片深藏在记忆深处。因为对于太美的东西，你只能用这种方式保存。沉静时，再取出来细细咀嚼，激发自己换一种生活方式的想法。

　　在"徽州文化"的发源地歙县看完棠樾牌坊群后，不到半小时的车程，一个延续了1400多年的村落就展现在眼前了。齐整的徽式民居，一条绵长的青石板路，一道长长的水渠，店面前的布幌迎风翻飞，溪流旁的浣衣女笑声爽朗。如此美丽的景致，怕是只会在想象中才有。

　　一条檀干溪蜿蜒曲折地从村头流至村尾，阳光的斑点在水面上欢快地跳跃，多情的鸭子在水中尽情嬉戏。近千米的檀干溪上还有13座形态各异的石

▲ 唐模的桥"十桥九貌",各有各的不同,在这里你根本找不到两座模样相似的桥。

桥,这在江南水乡也并不多见。更不多见的是,桥桥各不相同,当地人称之为"十桥九貌",说法十分贴切。其中最出名的是一座廊桥,叫高阳桥。它建于明代,是一座石质双孔桥,整座桥面上建了五开间殿堂,堂中梁柱木雕精美绝伦,彩绘壁画典雅绚丽,称得上是明代廊桥建筑的典范。如今古桥已成为人们休憩品茶和凭栏赏景的好地方。

过了高阳桥便是独具特色的唐模水街。这条长约600米的唐模水街实际上是南北流向的一丛小溪,溪宽5米到10米不等,清澈的溪流终年不竭,欢快的溪水流过一座座小石桥,溢满一道道拦水坝,形成数道潇洒的人工瀑布流往下游。沿岸数十株巨大的樟树,撑开硕大的伞冠,与小桥、流水、人家掩映生辉。沿溪两岸近百幢徽派建筑均匀地散布在溪流两边,民居、祠堂、店铺、油坊,高低错落又井然有序,形成夹溪的街道市井。沿街还建有40余米的避雨长廊,廊下临溪的一面设有美人靠,供村民闲谈观赏之用。凭栏临水,看街井中悠悠然的百姓,时光仿佛回到了遥远的明清时代,自己犹如置身《清明上河图》的意境中。水街如今依然繁荣，各家店面前都挂起了商家常用的大红灯笼和随风招展的招牌，一种淡淡的明清商业文化气息弥漫开来。

　　沿着石板铺就的绵长古路，顺着溪流向下走不远就到了皖南最大的私家园林——檀干园，她因园内沿湖遍植檀干花而得名。关于她，还有一个至情至孝的感人故事。据说，清代的唐模村有一个许姓富商在杭州一带经营典当业，他的母亲很想游览西湖风光，但年事已高，行动不便，于是许生便在家乡村口仿照西湖开挖了"小西湖"，供母亲游玩，颐养天年。檀干园吸收了江浙一带建筑的风格，同时又把水的文章做到了极致。水虽然很少，却比江南水乡更有情趣。数百年过去了，这个庭园依旧水光潋滟，岸边垂柳依依，塘中荷叶吐青，安静舒宜。徽商建筑选址，往往很有讲究，他们注重亲近自然，这在檀干园有了很好的体现。檀干园的一侧是个水口，终年溪流潺潺，不落不溢，堪称奇迹。檀干园的出口处，一株攀缘的牵牛花藤悬在飞檐翘角上，盛夏时节送出十几朵牵牛花，两只蝴蝶在花间翩然起舞，莫不是梁祝重生？

　　有诗人称"唐模全村都在画中"，的确是这样。世代生长在唐模的村民，在这样的意境里，一边聆听溪声，凝望过往路人，一边酝酿心绪，回忆陈年往事。年迈的婆婆在美人靠上自在地攀谈，年轻的村姑在溪边浣洗，笑声洒满整个溪面……这些不经意间映入眼帘的场景，伴随着入耳的捣衣槌声，潜入路人的心底。

Chapter 2 · 悠悠小巷,袅袅炊烟——白墙灰瓦间的古意村落 ·

▲ 图为夜幕下的唐模水街。水街从村头到村尾只有两里路,却成为明清古装戏的影视基地。

旅程随行帖

岁月年轮:始建于唐,兴盛于明、清,距今已有1400多年的历史。
最佳旅游时间:四季均可。春日赏花,夏日避暑,秋日望月,冬日访古。

Lucun
卢村 精致木雕第一乡

水是默默流淌着的吗？站在驷车桥上，静听人们诉说卢村的繁荣往昔。油菜花盛开，远近一片，青绿与嫩黄交错其间。放眼望去，花儿美得让人却步；村前的场坪上晾晒着什么东西，看不太清楚；旁边熟悉的徽州马头墙又一次闯入视线。

卢村位于安徽省黄山市黟县北部，离宏村很近，穿过一片田地，走过一段蜿蜒的田间小路，就可以远远地望见卢村了。油菜花开的季节，单单是在田间走着，心情也会出奇地好。脚下鲜活的泥土，缀满了星星点点的花粉粒，天上地上身上似乎都浸润着花香。

一进村就看见有座石桥，叫驷车桥，据说建于宋代，由于当时卢村出了一位显赫的人物卢臣忠。古人认为，驷马高车，非显贵者不得乘坐，所以用"驷车"为桥命名显示了卢氏家族的高贵。现在的卢村已完全没有当年的繁华，沿村边古道一路前行，村边小溪里鸭子游得欢快无比，岸边的老牛则悠悠地咀嚼着青草。

比起宏村，卢村显得纤小很多，也安静了很多。即便是晴朗的白天，也不会看到太多的人，只有三五个孩子对陌生的游人感到好奇，远远地跟在你后面。当你穿梭于老屋与老屋之间，一路可见幽深的小巷、长有青苔的水井、锈迹斑斑的压水机，无一不带着岁月的痕迹。

美丽的卢村风光

这里的建筑很规整，统一的四面墙体，高墙之间无草无木，视线所及仅留方寸蓝天。斑驳的外墙，青瓦上随风摇摆着的枯草，无不显现出她的冷寂。但是精美的木雕楼和那小巧的雕花门窗却向人们展示了她过去的辉煌。

卢村有名的木雕楼实际上是由七家民居组成的木雕楼群，其中最具代表性的就是志诚堂了。一走进门便立即被遍布楼内精美绝伦的木雕所震撼，仿佛走进了一座木雕艺术的殿堂，整幢楼的门窗、屋檐、横梁、扶手都雕满了各式花纹图案。混雕、线雕、剔雕、透雕，灵活地搭配着，将花鸟鱼虫、风情典故凝固在雕刻中，无一不折射出古代艺人的娴熟技巧和超凡智慧。门板的格局很特别，由裙板、腰板、胸板、眉板组成。胸板多为宝格式样，饰以宝瓶牡丹等图案,取富贵吉祥之兆头。眉板和腰板一般都较小,在胸板上下对称分布。眉板多雕装饰性花纹,腰板则雕刻些蝙蝠、小鹿、蜜蜂和猴子等有谐音寓意的动物图案或是雕刻二十四孝的故事劝人向善。裙板上都雕刻着各种古代故事,像"苏武牧羊""太公钓鱼""羲之戏鹅",等等。一副门板上刻出了一个书生赶考的情景,整个画面中,亭台楼阁、花树人物、远山近水层次清晰,人物的表情栩栩如生,衣服褶皱在不同的角度也各有不同,柳树枝条随风摆动,像真的一样,在木雕楼中堪称精品。一副副门板看过去,仿佛领略了中国五千年的文明历史。

站在园内仰望木雕楼,森严的感觉让人不禁想到《大红灯笼高高挂》里幽暗的陈家大院。安静的时候,门窗紧锁,空气也仿佛凝住了。黯淡的光线从狭小的一方天空射下来,细小的尘粒飞舞着,悠悠然落下。

▲ 木雕楼装饰精致优美,它既是主人真实情趣的反映,也是古代民俗生活劳作场景的再现。

旅程随行帖

岁月年轮:据史料记载,这里的古民居群为清朝中叶四品朝议大夫卢帮燮所建。

最佳旅游时间:四季均可。

Chengkan

呈坎 美如水墨画的千年古镇

说到古镇古村，人们总是想起江南，想起小桥流水，桨声咿呀，青翠可人。但是，呈坎却有些不同，虽然也有水，却呈现出一种凝重的美。呈坎宛如一个幽远的桃源，静静地等候了1800多年。

▲ 呈坎村依山面河而建，坐西朝东，背靠大山，地势高爽，选址完全符合"枕山、环水、面屏"的古代风水理论，被称为"美丽的自然风光与徽派文化艺术结合的典范"。

徽州地区的风景总给人一种欲擒故纵的感觉，山路总在无穷无尽中把你放逐，然后不经意间又给你一个惊喜。在山里转来转去之后，刚拐过一个弯，一下子，整个呈坎村就出现在眼前。3月间，天正下着小雨，浓重的晨雾稠密地荡漾着，在田野间流动，原本清润的山水被涂抹了一层幽幽的神秘感。往前走，浓雾渐渐揭开面纱，村前面的河里游着鸭子，饮水的老牛慢慢地抬起头望望轰鸣而过的汽车，摆摆纤细的尾巴。出现在眼前的分明是一幅淡淡的水墨画。

对于厌倦了城市生活的人，呈坎的生活会让人打心眼儿里羡慕，人们在这里淡然地生活、做事，洋溢着一种久违的乡间的惬意和随性，这里似乎永远也没有热闹的时候。农人赶着牛羊在小巷里穿行，妇人提着篮子去河边洗衣，上学的儿童快乐地边走边玩。在某个偏僻的角落，突然冒出一间屋檐下的小杂货铺，陈列着简单的货物，店里昏暗而陈旧，但小店的老板温和而善谈，墙角是几株等待出售的土兰花……

村里那些高大气派的古旧徽派建筑，除了一些国家级保护文物之外，那些明清的房子都有人随意地住着，让人不由得心生忌妒，要是也能住在这样的房子里，世俗的烦恼也会少许多吧。这些民宅多为楼房，马头墙似乎成了徽州建筑的代表，每到一处总是最先瞥见层层叠叠的马头墙，墙头偶尔蹿出簇簇生机勃勃的嫩草，幽幽地在风中招摇……抬头仰望，蔚蓝的天际，被这些曲折的线条勾勒出一道道清晰、简约的轮廓。

呈坎号称有3街99巷，街巷全部由花岗条石铺筑，纵横交错。走在这石头铺成的路上，感觉每走一步，都能看到不同的风景，步移景异、无处不景，一路走过去真的是其乐无穷。民居的檐头下、祠堂的门匾上，牌坊、亭、塔、墓等建筑的边边角角，都饰以精美的石、木、砖雕，优雅被发挥到了极致。优雅归优雅，外来的游人却经常会彻底地迷失在呈坎的99条巷子里，转来转去，抬头看看这檐头似曾相识，却又不是先前看过的。转身翘首，那楼阁似乎风致依旧，原来兜来兜去又回到了原地。就在这些曲曲弯弯的巷道里，隐藏着一座气势恢宏的建筑——宝纶阁，徽州名孝吴士鸿手书的"宝纶阁"匾额高悬门上。圆穹形的屋面，轻轻扬起的檐角，精美绝伦的石雕木刻，梁柱之间的盘斗云朵雕、荷花托木雕，让人眼花缭乱。横梁上的彩绘，色彩绚丽，斑斓夺目，虽历时久远，仍鲜艳不凋，让人不得不感慨古人高超的制造工艺。漫步其中，不经意间还会看到董其昌、林则徐等历代名人题写的牌匾。寻寻觅觅中，历史就这样在妙曼的时光中悠然前行，而那些陈旧的高墙旧门里仍然飘荡着怀旧和清寂的气息。

走在呈坎，仿佛走进一个遥远而熟悉的梦，伴着淡淡的轻雾，一些前尘往事和如烟思绪犹如马头墙上的春草在悄悄地蔓延生长，仿佛已经在这里住了好久好久。

▲ 错落的马头墙与古朴的木门，承载着无尽的往日时光，而门前的枯荷年复一年，也与其倒影一起见证着这座古老村落的历史。

旅程随行帖

岁月年轮：始建于东汉、三国时期，距今已有1800余年的历史。

最佳旅游时间：春、秋最佳。气候温润，空气清新。

特色美食：

屯溪醉蟹：蟹体色青微黄，酒香扑鼻，食用无须任何蘸料。待细品慢尝那裹着浓郁酒香的柔嫩蟹肉时，似乎感觉到了渗透其间的徽州幽清淡雅的文化内蕴。

▲ 查济村四面环山，岑溪、许溪、石溪三溪合一穿村而过，因溪水落差较大，沿溪错落有致地建有多道拱石桥、板石桥、洞石桥，将两岸民居相连。

Zhaji
查济 情迷悠长巷道

"于千万人之中遇见你所遇见的人，于千万年之中，时间的无垠的荒野里，没有早一步，也没有晚一步，刚巧赶上了，那也没有别的话可说，唯有轻轻地问一声：'噢，你也在这里吗？'"遇见查济就是这样一种难得的缘分，无须多言，一切都心中明了。

查济位于安徽泾县县城以西50千米的地方。这里依山傍水，秋天，片片落叶在脚下堆积得很高，踩上去软绵绵的；一条潺潺的溪流自上而下由山间倾泻而出，声音清脆动听；远处村落里几棵参天大树傲然挺拔。整座村庄安闲地俯卧在金秋空灵的天幕下，悠悠地散发着沁人心脾的芬芳，令人陶醉。

一条小溪穿村而过，溪流两边各有一条窄小的石板路，蜿蜒着伸入村中。也许是雨季已过，溪流有些干涸，村民便在溪边开垦出几片菜地，油绿的菜叶颇为茂盛，几个村妇在溪边洗衣，拨起哗哗的水声，认真得可爱。村口的景致虽不华丽，也没有太多惹人注意的地方，却透露着一种祥和宁静，令人心安。

这里的大部分村民都姓查。据说查姓家族繁盛的时候查济曾经有108座祠堂，108座庙宇，108座桥梁，孝子坊、贞节坊、官宦牌坊18座；村外设门，村内有塔，房屋严整划一，道路平坦开阔，草木繁茂，曾有"查村遮半天"的说法。

虽然看似有些破败，但查济的规模确实很大。今天的查济实际上是查村、济阳等村的总称，一共有三条溪流穿村而过，上面所述村口的那条是其中之一——许溪，另外的两条是岑溪和石溪。不知道这些名字有何出处，它们总是让人联想到深涧中，乱石堆叠、流水叮咚的样子。有水自然就有桥，查济的桥有长有短，高矮不一，几乎每隔三五家就会有一座长满青苔的拱桥卧在那里，仿佛沉睡了很久，依然不愿醒来。有的桥面很宽，不仅可以晾晒谷物，还能供村民闲时活动，一举多得。

查济的巷道多得让人迷惑，没有人数过查济究竟有多少条巷道，远远不止108条吧。靠水的路面浸润着滴答的水滴，近山的石缝里挤满了嫩草，热闹处被脚步磨得平滑，僻静处爬满了沉默的青苔。我们无须知道这些巷子背后究竟有怎样的故事，只需慢慢地行走在这些整洁的延伸于斑驳的马头墙间的小巷，静静地聆听自己那带着回音的脚步声，悠远，飘荡……

查济依然保留着很多明清建筑，而且大部分房子还住着人。人们已经习惯了穿梭其间，忘记了它们还是民居。而主人们似乎早已习惯，旁若无人地作息，反倒让游人多了几分不自在。这些老房子的一根梁、一块砖，都可能有着上千年的历史。一进门，门窗上有木雕；走进客厅，厅柱脚上有石雕；一抬头，檐角边是砖雕。你会觉得，工匠们仿佛决心在任何物体上都一展雕艺。现在的居民在房前屋后都栽上了各种小花，一朵灿烂的小花，一面精致的窗雕，

亦古亦今，亦闹亦静，很特别。俯首深嗅一盆农家小花的芬芳，转身轻拂一面雕花透窗，甚至是立足遥望一片寂寥的废墟，都会让你心动不已。

在沁凉的古宅大厅里坐下来，看着阳光从天井中射进，感觉时间缓缓地流动。院子里放着一把雕花的木椅，主人家的小猫懒懒地趴在上面，眼睛睁开又闭上，也许是做着什么梦吧，让人不忍打扰。

如果有来世，我愿意化作这古宅中的一株小花，只为了邂逅这一份感动。

Chapter 2 · 悠悠小巷，袅袅炊烟——白墙灰瓦间的古意村落 ·

◀ 石桥、流水、老树，查济处处是景，这样田园般的景致随处可见。

旅程随行帖

岁月年轮：始建于隋初，至今已有1400余年的历史，现在仍保存着元、明、清三代古民居100余幢，是皖南地区最大的古民居群落。

最佳旅游时间：一年四季，秋季尤佳。

特色美食：
桂花板栗：板栗夹杂着桂花的清香，风味独特，是去查济必尝的美食之一！

专题

江南的名人故居

如果江南的美只是山水、花草之美，便也配不上"人间天堂"的美誉。而正是在这如画的天地间，滋养了一批批可爱又伟大的人，才让人们对江南念念不忘。这些人住过的地方，与自然美景融为一体，真实又虚渺，让我们于真假虚实之中，观察到他们曾吃饭的地方、休息的地方、读书的地方、娱乐欢笑的地方……就像自己又沿着他们的生命轨迹活了一回。

走过幽幽小巷，抚过青石砖瓦，不经意路过一户人家，想着江南许多古朴的庭院，似乎处处都是历史的痕迹，此时便有人告诉你，这青碧之间的门庭，的确就是偶遇的名人故居。不需要刻意计算，只是粗略想想，江南大概有几百座名人故居，单是在苏州吴中区走一走就会与四五座名人故居邂逅。

龚自珍故居

落红不是无情物，化作春泥更护花。龚自珍从南方到京城做官，一做就是20多年。对朝政灰心辞官之后，重新回到了江南，就住在如今杭州城东马坡巷16号的小米园内，终日与诗书为伴，广纳门生授学讲书，以瑰丽的姿态重新定义了落花的价值。

两层的楼房，上下不过五开间，说小自是比寻常人家大些，但说大却比不上京城那些同僚的宅邸。可心有天下，容有民生，方寸间都有大世界。

鲁迅故居

在浙江省绍兴市东昌坊口新台门内，有一座两进的院落，前面一进原本是三间低矮的平房，如今已被拆除，后面一进是五间二层楼房，老旧的结构透露着一种儒雅的气质，似是沾染了主人的气质，鲁迅就是在这里出生成长的。

▲ 三味书屋

三味书屋是鲁迅儿时求学的地方。

　　大概时日一久，所有房子都有记忆，站在东边的小堂前能看到周家一家人平日吃饭、会客的场景，走到西边便能看到幼年鲁迅奔跑游乐的小小身影。一切都那么安然恬静，没有战火，没有哀伤。时光若能倒流，愿把所有苦厄都还原成简单快乐的样子。

秋瑾故居

　　同样是在绍兴，古城南部塔山的和畅堂，浓墨石瓦，灰白墙体，庄重得像个老学究。年轻的秋瑾卸下了女儿家的胭脂水粉，以女权为铠甲，傲然面对刻薄的封建礼法。

　　这座小小的院落，见证了女性觉醒的历史，也是秋瑾短暂人生的缩影。为了更方便投入战斗，秋瑾在自己的卧室后壁做了一个夹墙，里面是间小密室，藏着秋瑾的秘密文件和枪支。

　　中华儿女多奇志，不爱红装爱武装。若不是一代代女性革命家的前仆后继，也难有今天女性施展自我的广阔天地。

丰子恺故居

离乌镇不远的石门镇，有丰子恺的故居。可惜的是，今天的丰子恺故居早已不是1933年最初的模样，而是被日军炮火轰炸后，新中国政府于1985年重新建造的。

故居最大程度还原了原本的民国风格，甚至保留了当年被日军烧焦的两扇大门。作为爱国主义教育基地，这座故居在默默地发挥着力量。作为人文景观，这里总隐隐透露着一丝悲凉。在曾经混乱的岁月里，丰子恺的漫画、散文、文艺理论，都遭到过抨击与压制。他积郁成疾，病逝后才得到平反。看着故居中陈列的旧物，遥想当年的人生际遇，总有一种难以言喻的凄凉之感。

李可染故居

在徐州市区建国路南侧，李可染的故居被一群高楼大厦簇拥着，让它像艺术家一样显得有些另类——青砖黛瓦，古朴幽雅，地处闹市却有一身静谧的气息，单是靠近就足以享受安宁。

中月洞门的横楣写着"澄怀观道"，是李可染亲笔书写，倒是跟这份宁静十分相称。进屋后有李可染的《黄山人字瀑》和书法"痴思长绳系日"，就算是为了这几幅墨宝，多逗留一会又何妨。

茅盾故居

走过乌镇的桥，掠过桥下的水，东大街沿河的地方有一座老宅，黑瓦白墙，悠然自得，一直追随时光浮影却未曾为了谁而改变过，完全是茅盾的格调——不为外物变革内心所向。

这座老宅四开两进，始建于清朝道光年间，茅盾在这里出生并度过了天真烂漫的童年和少年。故居的东边是茅盾的母校立志书院，13岁的茅盾曾在此写了一篇谈论天下大事的文章，被老师称赞"此子必成大器"。如今书院被翻修为茅盾纪念馆，陈列着茅盾一生的大小事迹。

毗邻古帮岸，走在砖石上清脆有声，在老宅前面走走停停，蓦然间有些恍惚，古镇水声不绝于耳，也不知身在何地，似是从水中就能看到年少的茅盾于岸边一坐，出神思索的模样。水花荡开，才发现那是自己。

▶ 茅盾故居

王阳明故居

传说王阳明从小就与众不同，他固执地在母胎里待了十几个月，5岁时尚不会说话，但已经默默地读完了祖父的大部分藏书。有个高僧路过王阳明位于余姚城区武胜门西侧的寿山堂，说他是个好孩子，只要换个名字即可，祖父便为其更名为守仁。自此之后，王阳明忽然开口说话，情智超过了大多数同龄人。

寿山堂的瑞云楼，贮藏着王阳明的童年和少年时代，那气势恢宏的格局，跟王阳明磊落的世界观如出一辙。流连其中，不知难忘的是楼宇，还是王阳明从小便积累的富足的精神气韵。

徐志摩故居

徐志摩的故居、纪念馆、墓地，都在海宁。故居在海宁硖石干河街38号，是一座融合了中西元素的建筑，是专门为了同陆小曼结婚而建造。只不过他们在这里只是短住，更多时候是徐母同徐志摩的前妻在这里生活。

有件有趣的事，距离徐志摩故居十分钟脚程的地方，横跨两条街巷，有几座房子，那里曾是荒芜的院子，一片瓦砾，只有大门孤独挺立，便是徐志摩出生的地方，没有被划入文物保护区，直接被划入拆迁区，如今成了新的民宅。

岁月飞梭，周遭的景物变了一遭又一遭，每次都是轻轻地走了，正如轻轻地来，可不管如何变幻，这些古老的踪迹都是"天空里的一片云，偶尔投影在你的波心，你不必讶异，更无须欢喜，在转瞬间消灭了踪影"。

▶ 诗人徐志摩故居

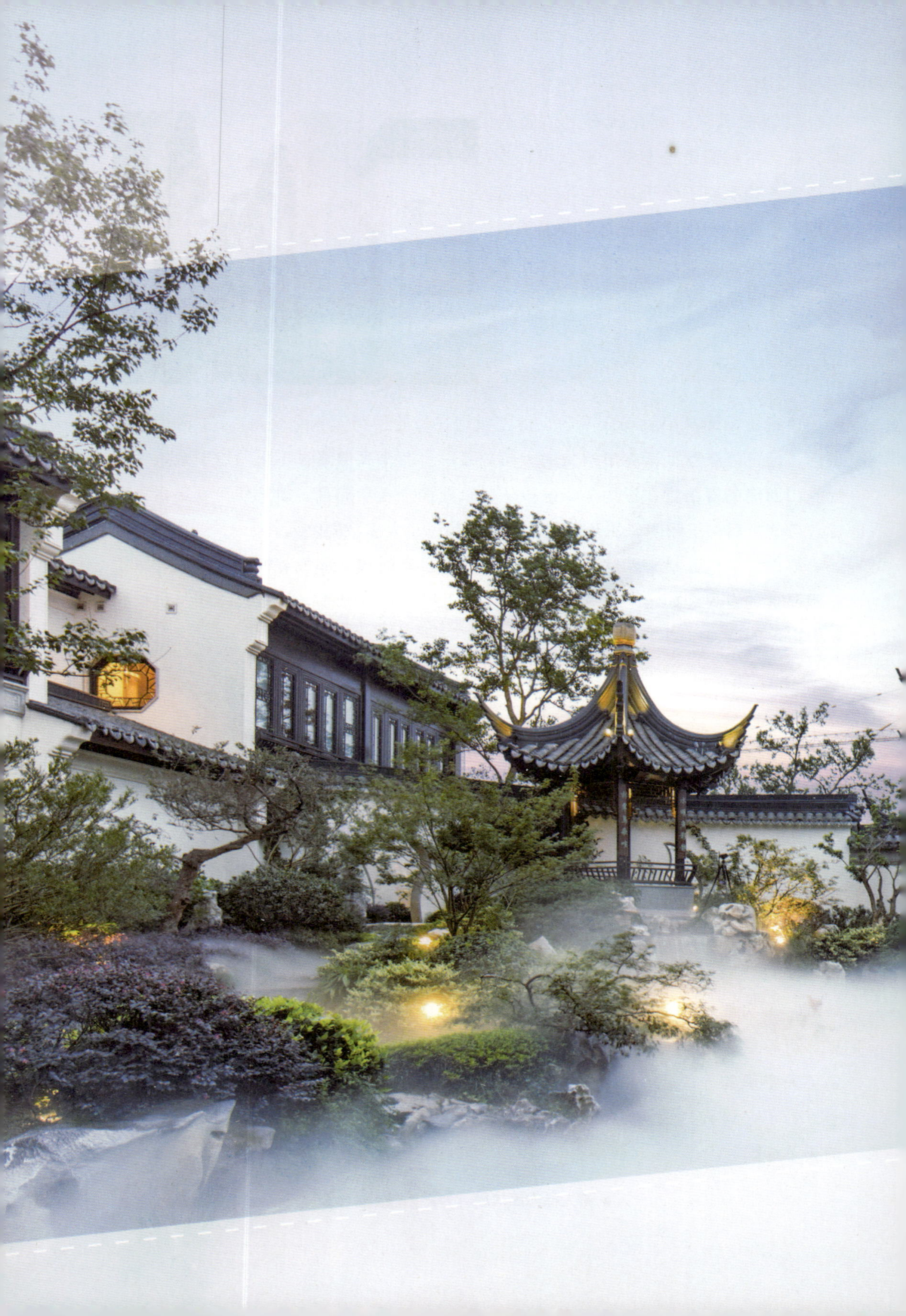

Chapter 3

城市风情，不一样的烟火

Nanjing

南京 梧桐绿荫里的繁花烟柳地

眼望中山陵，手抚总统府，俯看"万人坑"，品咂历史带来的爱恨情仇，是苦涩，是晦暗，是满目疮痍的悲凉和不断奋起的英勇。累了，在夜晚的都市街头走一走，听车来车往，听人声起伏，灵魂似是被一只大手拽回了今天，又是活生生的一个现代人。

都说金陵自古帝王州，郁郁葱葱佳气浮，可香软的名字总是令人浮想联翩，像是一位大家闺秀，哪里有一点帝王之气。改称"南京"之后，倒是更像一座古都，从中能够嗅出横穿历史的兵燹气息，瞭望得到烽火台上的滚滚狼烟。

南京就这样从娟秀的气质中伸出张狂的政治爪牙，以钟山为伴，长江为邻，从公元229年孙权称吴大帝起，东晋、宋、齐、梁、陈皆以此为都城，南京成为六朝古都。

六朝时的南京骄矜傲岸，与古老的罗马一并被称为"世界古典文明两大中心"。它经济繁荣，文化昌盛，人口百万，是世界上第一个人口超过百万的城市，是整个华夏文明的骄傲。

于是穿梭在南京城，从古老到新兴，享受的是一眼千年的文化浸润，感知的是上下古今的风雨沧桑。

中山陵·总统府：多少苍茫黄土中

对于南京的情愫，注定是历史与情怀交织的悲喜。不知该如何开始，不如从中山陵的暮霭中拨开一抹晴朗的颜色，一探究竟。

看见中山陵的第一眼，竟然是苍翠，是白居易笔下的"苍然涧底色，云湿烟霏霏"。中山先生最爱雪松，所以中山陵的两旁是高而密集的雪松，严肃得像两排卫兵，又是那般不惧寒霜的孤傲。

被雪松瞩目着前行，脚步变得凝重，也就很容易放大参观陵园的肃然情

▲ 中山陵陵门顶上为青色的琉璃瓦，门额上"天下为公"四个大字，令人感慨万千。

◀ 到达中山陵顶需要爬长长的阶梯。

绪，更何况从大门往墓室走是件挺辛苦的事情，因为必须经过392级台阶，这个数字寓意当时中国的三亿九千两百万同胞，而从碑亭到祭堂共有339级台阶，寓意国民政府参议院和众议院有339位议员。

中山先生的遗体安葬在墓室卧像的下面，当年本是想打造水晶棺受后人瞻仰，但水晶棺从苏联运输过程中破裂，政府紧急从美国定制紫铜棺，先生的遗体逐渐腐败，没能等到紫桐棺运来，最终只能下葬。坚硬的水泥铺面，五米的深度，让蒋介石两次想将先生遗体带到台湾都未能成功。

历史的云烟，在现代都市的上空弥漫，虽然是同样的蓝天，却笼罩着不同的时代，过去的、未来的苍茫，都离不开脚下的一抔黄土。终将是掩埋，但终究是掩不住的辉煌与伟岸。

▲ 俯瞰中山陵

　　别过中山陵，从亡灵的悲歌中挣脱，转身便应与总统府相遇，体会中山先生鲜活的政治生命。

　　南京的学者说，在一定程度上，南京不是六朝留给我们的，不是明朝留给我们的，而是民国留给我们的。而民国历史留下最深刻的痕迹，就是位于长江路292号的总统府。

　　如果只取一处近景，怕是很难分得清，这里是民国还是现代。环顾周围相连成片的民国建筑，也要展开双臂抱紧建筑群中的一颗明珠——总统府。难怪有人说，这里从街头到巷尾，是没有围墙的民国历史博物馆。

　　1912年，孙中山在这里宣布就职中华民国临时大总统，此后这里便是整个中国的政治中心，所有事关国运民情的决策与消息都从这里相继飞出。但总统府并不是专门为民国创建，它早就活跃在历史命盘里，看过明朝官员在这里风光和落马，披上过清朝给的江宁织造署、两江总督署的外衣，就连太平天国的乱世，它都曾担任过天王府的重责。作为重大历史的见证，这座古老的建筑高贵而充满经验，所以成为总统府一点都不意外。

既是如此，总统府便不仅仅充斥着政治韵味，还有当年达官贵人们钟情的山山水水、亭阁楼台，像位于西区的西花园、东区的东花园，都是江南的园林建筑，水中有鱼，水畔有亭，亭中有石椅，椅旁是成片的树林，春红夏绿，美不胜收。国民政府、总统府以及所属机构端坐在中轴线上，被东西两区的自然美景环抱于内，政治的刚直也有了柔美的一面。大抵日理万机的操劳与辛苦，总是要这些美好的景色才能稍有驱散。

总统府最好的浏览路线，便是沿着中轴线向里，从熙园到西区，再沿原路返回，从熙园继续在中轴线观光，到子超楼向东区漫步，可以完整走过总统府的每一处角落。

离开总统府，不必急匆匆奔赴下个景区，这附近还有江宁织造博物馆、六朝博物馆等，浏览一下也花费不了多少时间。结束后乘坐公交，没几站就是侵华日军南京大屠杀遇难同胞纪念馆，去感受最残酷的历史瞬间。

侵华日军南京大屠杀遇难同胞纪念馆：不要忘，要记住

灰白色的建筑，沉重的四方体，凝重的氛围，是一曲唱给战争遇难同胞的挽歌。无法抹去的悲痛过往在这里与现世安稳打了个照面，又像极了一面镜子，映照出的不是楚楚衣冠和鲜活面容，而是曾经悲苦丛生的哀容与奋进自强的眼眸。那是你，是我，是所有平凡的中国人。

南京水西门大街418号，纪念馆所在的地方，在日军侵华期间，这里有30万普通的手无寸铁的中国百姓，包括老弱妇孺，甚至襁褓中的婴儿，被集体屠杀，形成了震惊中外的"万人坑"。现代艺术家们为了还原当时的惨况，在悼念广场雕琢了"倒下的300000人"的塑像。而这些遇难者同胞的名字，被用中英日等多种文字刻在祭奠广场的纪念石壁上。而在墓地广场，立着遇难者的纪念碑，它们被苍松绿草环绕，逝者如斯，生机却不灭。

穿过广场到纪念馆内，按顺序参观遗骨陈列室、史料陈列厅，带着敬畏之心去看从"万人坑"里挖出的部分遇难者的遗骨，去看当年日军屠杀的现场

▲ "侵华日军南京大屠杀死难同胞丛葬地"石碑　　▲ 纪念南京大屠杀遇难者的雕塑

照片和1000多位幸存者的证言,让所有暴行暴露于阳光之下,接受现代文明的审判。

要记住,不要忘,那一张张被魔鬼吓到失色的面容,那冰冷的骇人,那警世的钟鸣,那30万同胞的灵魂……但铭记不是为了仇恨,而是学会珍惜今天的平安宁静,并为此奋斗终生。

1912酒吧街：穿越民国的浮华

白天穿梭于厚重的历史迷雾中,内心肃穆庄重,生怕错过哪怕一处可以与历史相见的地方,不免有些紧张。南京的夜晚来了,应该有一处地方可以释放激情,可以去打破陈规,去肆无忌惮地甩开人生的苦恼,去拥抱一个更飞扬的自我。古人有秦淮河上的灯红酒绿和清歌小调,今天的南京人有1912酒吧街的时尚与悠闲。

1912街因为毗邻总统府而得名,原本是要被设计为展馆,后来虽改变了用途,但还是与总统府形成配套,建筑风格整体呈现出民国范儿,既有文化底蕴,又有消费娱乐项目,特别以餐饮为主,也开发了许多带有民国气质的文化周边产品。

1912街之于南京,是三里屯之于北京,散发着现代人的时尚气息,弥漫着青春的悸动与潇洒。旁边的总统府在夜晚安静深沉,青砖红墙倒映着摇曳的斑驳树影,没有一点声响,只有1912街的鼎沸人声在夜空中弥漫,这一静一动让人如在梦中。

在这里你看不到历史的迷雾,只能看到酒杯里晃动着的鲜红的法兰西干红,筷子间夹起的韩国烤肉,盘子里颜色鲜亮的日本鱼生;耳边是迷幻摇摆的节奏，是启于唇齿间的调情话语，是咬碎了爆米花的清脆响声；还有一些气味令人难忘，芝华士的醇香，牛排的浓香，还有那风情万种的香水……它们杂糅交叠，在民国建筑中飘来荡去，构筑起这醉人的夜色。

就算不喝酒，不品尝美食，只要在广场上坐一坐，就足以消弭漫漫长夜的孤寂。也许白天你在这人世间闯荡，被生活扼住了咽喉，到了晚上索性闭上眼睛，在青白色的街道里放空自我，不要计算步伐，只需要尽情享受。

从历史走到当下，从清醒到迷醉，大多时候，只需要南京的一个昼夜而已。

▲ **南京1912酒吧街**

它是一条集时尚休闲、餐饮娱乐、购物逛街为一体的综合性街区。整个街区由17幢民国风格建筑及共和、博爱、新世纪、太平洋4个街心广场组成，总面积3万多平方米。

旅程随行帖

中山陵

中山陵只是钟山风景区的一部分，虽然不需要门票，但位于钟山风景区的明孝陵、灵谷寺、美龄宫、音乐台都需要门票，所以购买钟山风景区套票最为合适。中山陵周一闭馆，如果想把钟山风景区的游览作为一天的规划，要避开周一。

Suzhou
苏州 宁静时光中的慢放

青鬟江山，是苏州的风流，风流于园林中的水光婀娜，风流于江枫渔火的哀愁；凝香追咏，是苏州的惊艳，惊艳在林中的四季花香，惊艳在古镇的悠然时光。苏州漫步，就想择此终老，再也不理会世间的喧嚣，只想倾注全力享受宁静时光中的慢放。

曾是百越，曾是东吴，流转几千年的时光，未变的山清水秀如今被温柔地唤作苏州。"苏"字，从唇齿间软软地脱出，读音中就带着这座城的温婉气质，似涓流潺潺绕着树木缠绵，似淡妆少女香软的腰肢，总是不经意就透露出美，它却从不以此炫耀。

春秋的吴国，繁盛张扬，气吞山河，吴王阖闾在苏州西南边的姑苏山上建了一座姑苏台，地势高，《吴地记》说它300丈；视野广，可在其上看得到方圆300公里的景物。这高高的建筑，既容纳了阖闾的军事野心，也安放着他的声色

▲ 一说到"苏州",首先想到的就是大大小小的园林。这里是"园林之城",集结了江南的所有胜景,小桥流水、亭台楼阁皆为诗意,漫漫浮生中于此处偷得半日清闲,真是不可多得的享受。

▲ 石湖风景区一角

姑苏台现位于石湖风景区内,与吴王祭祀之地"拜交台"相对布局。这里山水相依,风景优美。

犬马。苏州之名,就从姑苏而来。自然地,苏州也常被叫作姑苏。

于是来一趟苏州,最好是在姑苏台上饱览苏州全貌,看"姑苏台榭倚苍霭,太湖山水含清光",赏"空有姑苏台上月,如西子镜,照江城"。是的,这里每逢八月十五,就有著名的"石湖串月",圆月清光从湖边桥畔的涵洞间透出,在水中投影了无数个水月,它们漪漪相连,就像一串珠宝,戴在了名叫"苏州"的美人颈上。一场绝美的旅行,由此拉开了序幕。

园林之美:浮华世界的清净

苏州的美,从来都是水木相依,郁郁葱葱间有水榭楼阁相伴,园林座座,水色秀丽。那个张狂的白乐天有生之年游遍江南,却"就中最忆吴江隈",六七年前狂烂漫,三千里外思徘徊。令人想念终生的,就是苏州的园林。

▲ 狮子林中的假山群

明清以来，苏州有两百多处园林建筑，如今只保留了六十几座，但也足以冠绝全国。其中以拙政园、狮子林最为知名，它们就像美人肩头的两粒朱砂，醒目耀眼充满了诱惑。

拙政园占地约52000平方米，东有归田园居，主有竹坞曲水、松林草坪、平冈远山，辅有池岸亭榭，一切都那么明快惬意，似是感到了主人当年从朝堂归隐林间的决心，远尘嚣，修自性，抬头有澄清的蓝天，远眺有葱翠的绿意，心也清明许多。

中部是整个拙政园的核心，庞大的水系明晃晃照耀古今，这才相信，这江南果真是一派水乡。所有建筑都围绕水系展开，高低错落，形态万千。远香堂上赏粉荷，隔池相望两座山岛，有小桥相连，两岛各有一亭，西有"雪香云蔚亭"，东为"待霜亭"，四季景色不一，气质却始终高洁。西部有两处风光最为别致，靠近住宅的"卅六鸳鸯馆"和扇亭"与谁同坐轩"。纵使相隔几个百年，拾级而上，恍惚间也听到了从馆中飘扬而出的清歌小曲——从丹霞红唇里挤出的吴侬软语，和着脆生生的杯盏交互之叮当，园林主人的好客如同这建筑的记忆，一股脑儿倒给了来访的游人。

踩着曲调向扇亭走去，"与谁同坐"？苏轼说，"明月，清风，我。"水中明月，拂面清风，孤傲的人不必有人相伴，自然界的风物一样可以成为伴侣。

世人会问，这样孤独吗？先贤说："'孤独'这两个字拆开来看，有孩童，有瓜果，有小犬，有蚊蝇，足以撑起一个盛夏傍晚间的巷子口，人情味十足。稚儿擎瓜柳棚下，细犬逐蝶窄巷中，人间繁华多笑语，惟我空余两鬓风。——孩童水果猫狗飞蝇当然热闹，可都和你无关，这就叫孤独。"

但对于栖身狮子林的高僧来说，不管轮回多少次，生命都是独来独往，无须刻意渲染孤独。1341年，天如禅师独身一人来到苏州讲经，受人尊崇，弟子们为其造了一座禅寺，以苏州人特有的园林天赋，将寺庙打造成有水有木有假山的"狮子林"。取名狮子，主要取义佛经，佛法中将佛讲经喻为狮子吼；文殊菩萨也有青狮为坐骑，都说狮子凶猛桀骜，但也在无边佛法中收起了烈性。

不知是巧合，还是刻意为之，狮子林里有许多像狮子的怪石，以各种形态居于林中成千上万的竹子之下。

流水、庭院、花木，步步生香；曲折、人家、盛景，处处情迷。明明是喧嚣尘世，置身园林却清净安宁，园林主人几百年前便开始向后人传递一个真理：万事万物，勿忘心安。

姑苏城外寒山寺：平凡中的寂寥

目酣神醉于园林的万顷烟波，就如同留恋人间的花影缤纷，不敢眨眼，生怕少看了一分。最怕执迷，于是寒山寺的钟声铿锵作响，唤醒众生对虚无的妄念，声声指引"请来这古刹一看，或许千年前，你曾在这里与佛陀有一次回眸的缘分"。

▼ 寒山寺普明宝塔

唐人张继在安史之乱后沿水路回乡，夜泊枫桥，便听到了夜半钟声，那对着江边硕硕枫树和点点渔火的乱世之愁，因此消弭了一些。

时移世易，张继的愁思依旧缭绕身旁，它变成了现代人求而不得的苦恼，爱却分别的悲伤，是年少的新愁，是年老的沧桑。于是站在寒山寺，对着庄严肃穆的大雄宝殿，面朝佛祖，轻声说烦恼，静静地闭上双眼，被来自五台山的十八尊精铁鎏金罗汉像注目，听着洪亮悠远的钟声响起，去追寻心里藏着最深的那个答案。

大概痴情执着的人总是很多，所以每年12月31日到寒山寺听跨年钟声的人如云海翻腾，挤满了山门。听满整整108声，祈愿来年烦恼全无，重新启程。只可惜，如今的古钟，早已不是张继笔下的那口，而是来自晚清复建的古迹。

这也不是什么十分重要的事，心有所愿，祈得安康，所有人能接受平凡中隐藏的寂寥，便是最好的人间。

平江·山塘：古老街道的时光回应

走出园林、古刹，却走不出树森浓绿与山水相依，苏州哪怕只是一条古巷街道，都被这样的水乡风情眷顾着。

平江路，在近千年前不过是一条普通的沿河小路，来往着市井黎民，穿梭着凡尘琐事，平凡平静又平淡地看着一代代人的生老病死。晚清的时候，这里风光过一阵，人人都知道平江路悬桥巷27号住着一个风云人物，她叫赛金花，这座大宅是晚清著名的外交官、兵部左侍郎洪钧为她打造的。洪钧45岁的时候结识了赛金花，那年的赛金花是秦淮河上的名妓，还不满20岁的年纪。看上去不过是一夜风流的情事，却没想到洪钧硬是说服了两位夫人，把妓女娶回了家。

虽然这段婚姻只有短短的几年时光，却真真切切地演绎了一段才子佳人的动人时光，也让人们对水光氤氲的平江路有了不一样的向往。漫步其中，不过1.6千米的长度，东西两侧是悬桥巷、大儒巷、中张家巷、大新桥巷等诸多小巷，依水而立着许多青灰色的老宅，却因为完整地保留了历史原貌而仿佛穿梭古今。

水上常有小船经过，船夫们头戴斗笠，双手轻摇橹桨，唱着一曲江南小调，载着来往的游客推开了水波。从船上看岸上那些年长的房屋，木栅花窗，青白色的墙皮已经斑驳，从中长出了许多藤萝蔓草，随着清风摇曳，远远望去，像是房子生出了翅膀，飞舞于水波之上，醉了来人。

和平江路一样，山塘街也是一条从历史中翻翻而来的古巷。825年，当时的白居易在苏州担任刺史，想着将苏州城外西北河道进行疏浚，便于行船交通，便诞生了山塘河。从河道挖出的泥土堆填出了宽阔的长堤，可以行人、走车马，后人称为"白公堤"，便是今天的山塘街。

山塘街全长3.6千米，东起《红楼梦》中写到的"一二等富贵风流之地"的

▲ 平江路是苏州一条历史老街，河为平江河。这条历史街区是苏州古城迄今保存最完整的一个区域，中国大运河遗产点也在此处。

阊门，西至"吴中第一名胜"虎丘，自然地便分成了东西两段，东段多是商铺和人家，从渡僧桥到半塘桥；西段临近郊外，从半塘桥到虎丘，全程都是芳草萋萋、绿树成荫，沿途还有普济桥、野芳浜、五人墓、葛贤墓等风景古迹。

人们都说这里风景如画，却很少有人知道山塘街早在乾隆年间就已经入画。清代画家徐扬画了《盛世滋生图》，挑选了苏州的一村、一镇、一城、一街，其中一街就是山塘街，描绘的是盛世风光，是《吴县志》中所言的："阊门内外，居货山积，行人水流，列肆招牌，灿若云锦。"这般风光，如今都被继承了下来，山塘街的白天和夜晚都被人群包裹着，人声鼎沸，熙熙攘攘。

苏州城的绮丽，就在一动一静、喧闹与安宁、古往与今来之间变换，唯一不变的，是苏州几千年来的温婉柔和与人杰地灵，它开释了轮回中的苦难，消弭了人世间的烦恼，让一切变得悠然起来。

旅程随行帖

寒山寺

每年的12月31日跨年时，去寒山寺参加"新年听钟声"活动的门票价格都会比平时贵一些。届时会在寺内开展祈福法会、祈福香赞、法师祈福、敲响108声辞旧迎新钟声等活动，以此迎接新的一年，表达美好愿景。也可由寒山寺后步行至枫桥景区，感受江枫渔火的诗意。这两处景点虽然相距不远，但门票需要分开购买。

▲ 扬州瘦西湖

Yangzhou

扬州 精雕细琢的眉眼

扬州一度是一个以香艳和繁华而闻名的南方城市。那秦淮河畔大珠小珠落玉盘的琵琶声，河边渡船上飘来的阵阵脂粉气，千百次成为东方艺术家们的缪斯之灵。但是，在扬州过往的繁荣和光彩背后，我们还能依稀看到，隋朝的壮丁们顶着烈日，挥舞着手中的铁锹，艰难地开凿着京杭大运河，只为博隋炀帝一乐。

清初的"扬州十日"，无数扬州百姓惨遭杀戮，许多仁人志士奔走呼号。然而，无论这里曾发生过什么，每到烟花三月，扬州便又将自己打扮得美艳动人，让整个东方的目光集中到这里。这便是昔日的扬州，如同一个美丽而坚忍的女子，承受着苦难和命运的考验，却永远亭亭玉立，保持着遗世独立的姿态，将最美的一面传给世人。

瘦西湖是扬州景色的代表。瘦西湖景色宜人，融南秀北雄于一体。瘦西湖的基本格局在康熙时期就基本形成，那时便有"园林之盛，甲于天下"的美

▲ 淮扬菜为中国传统四大菜之一，发源于淮安、扬州，素有"东南第一佳味，天下之至美"之美誉。

誉。瘦西湖的园林胜景随处可见，正所谓"两岸花柳全依水，一路楼台直到山"。碧绿的湖水两岸窈窕曲折，亭台楼阁如山水画卷一般次第展开。

"垂杨不断接残芜，雁齿虹桥俨画图。也是销金一锅子，故应唤作瘦西湖。"清朝诗人汪沆如是说，瘦西湖也由此得名，蜚声四海。从乾隆御码头开始，沿湖可以看到冶春、红园、钓鱼台、莲性寺、白塔、五亭桥、蜀岗平山堂、观音山等名扬中外的景观。一天里不同的时辰，一年里不同的季节，都能让瘦西湖幻化出不同的景色，天然之趣让人回味无穷。这幅画卷里既有自然的厚爱，又有能工巧匠的细心雕琢，最终形成了扬州独特的园林风格。与家人一起泛舟于水上园林，两岸美景纷至沓来，定会令人应接不暇，心醉神迷。

来到扬州，最不容错过的便是淮扬菜。如今人们再次捡回了中华文化中"食不厌精"的老传统，讲究起了色、香、味、意、形、养。淮扬菜集江南水乡的菜肴之精华，将河鲜用独特的方法烹制，既不像沿海地区的海鲜那般生猛，又没有川菜的辛辣，而是在精心烹制的同时保留了食物的原味。早在南宋时，淮扬菜就以其清爽悦目、风味清鲜而闻名。淮扬菜的刀工精细，大厨们在蛋禽蔬菜上下功夫，以极大的耐心和精到的技法精雕细琢，雕刻出的动物和花朵栩栩如生。坐在"富春茶社"里，吃着精心烹煮的菜肴和点心，观赏着窗外瘦西湖美景和错落有致的盐商府邸，想象昔日扬州城内的熙来攘往，别有一番韵味。

无锡 多少楼台烟雨中

Wuxi

"小小无锡城,盘古到如今,东南西北共有四城门……"曾经,这首苏南民歌《无锡景》被写进了几代人的音乐教科书中。光复门、梅园、第二泉……歌中勾勒出的江南小城风光,不知成了多少孩子心中向往的地方。

在烟波浩渺的太湖边,波光粼粼的湖水一望无际,湖中心,几座小岛在蒸腾的雾气中若隐若现,那便是传说中的太湖仙岛。岸边是熙来攘往的游人们,纷纷涌向码头,争先恐后地踏上小艇,驶向仙岛。

▼ 灵山胜境景区

灵山胜境属国家5A级旅游景区,由小灵山、祥符禅寺、灵山大佛及分布其间的其他景点组成,可简单概括为"一山、一寺、一佛",是中国最完整,也是唯一集中展示释迦牟尼成就的佛教文化主题园区。

无锡自古便是中国的佛教圣地，而今以灵山大佛最为著名。灵山大佛被三座大山所环绕，背靠太湖，岿然屹立于灵山、青龙山、白虎山之间，气势雄浑，与乐山大佛、大昭寺甚至远在地球另一端的巴黎圣母院一样，有着震撼人心的力量。灵山大照壁是中国最长的石雕景观，全长约40米，高约7米，正面雕刻着栩栩如生的"灵山盛会"，一千多个道佛神仙有一千多种不同的面孔，仿佛各路神仙真的汇聚于此，为芸芸众生带来幸福平安，背面是"唐僧赐禅小灵山图"。

灵山大佛落成于1997年，如今这里已成为海内外无数信众的朝圣之地。灵山大佛周围长年被雾霭笼罩，阳光在雾霭的折射下四散开来，宛如一道佛光，尽显祥瑞之气。灵山的历史可以追溯到一千多年前的唐朝，相传那时唐僧自

◀ 灵山大佛

·醉美江南·

西天归来,一路游历至此。他来到灵山,见到这里山峦层叠,树木苍翠,景色实为罕见,便赞叹道:"无殊西竺国灵鹫之胜也!"于是仿照印度的灵鹫山,他将此地命名为小灵山。灵山大佛包括莲花座在内高达88米,不禁让人想起了电影《狄仁杰之通天帝国》中,武则天命人修建的通天大佛。灵山大佛双目垂视地面,目光睿智而充满慈爱,不论你从哪个角度观看,仿佛都在佛祖关爱而悲悯的目光之中。靠得越近,便觉佛像的眼睛睁得越大,嘴角流露出若有似无的微笑,欲语而未言,仿佛那足以解答人性终极疑问的智慧箴言呼之欲出,令人不禁遐想联翩。靠近大佛仰望天空,又觉得大佛在白云悠悠中衣袂轻飘,灵动而缥缈。莲花是佛教中有着特殊意义的吉祥花木,相传释迦牟尼出生即会走路,每走一步,脚下都有一朵莲花盛开。大佛脚下的莲花座总共有4层88片花瓣,由于大佛奇高,因此在基座的裙房之内有两部电梯,游客们乘坐电梯能登上莲花座的佛脚处,亲自体验传说中"抱佛脚"的感觉。

八角井是无锡的另一处著名景观。相传八角井连同太湖,无论干旱洪涝,井中水平如镜。井中居住的是守卫太湖的青龙君,青龙君为了惩戒草菅人命的东海龙王,从海中一跃而出与东海龙王决一死战,凯旋后,便隐居于井中,守卫一方百姓。

无锡的水有着说不尽道不完的故事,茶圣陆羽在《茶经》中将无锡的惠山泉列为天下第二。晚唐的李德裕、宋朝的苏东坡、明朝的文徵明,都对这惠山泉水念念不忘。李德裕甚至效仿杨贵妃,专门命驿站每天将这惠山泉水快马加鞭送至千里之外的长安,惹得当时的诗人皮日休不禁大呼:"吴关去国三千里,莫笑杨妃爱荔枝!"

在这惠山泉不远处,便是阿炳的墓园。或许当年的阿炳就是在一个幽幽的

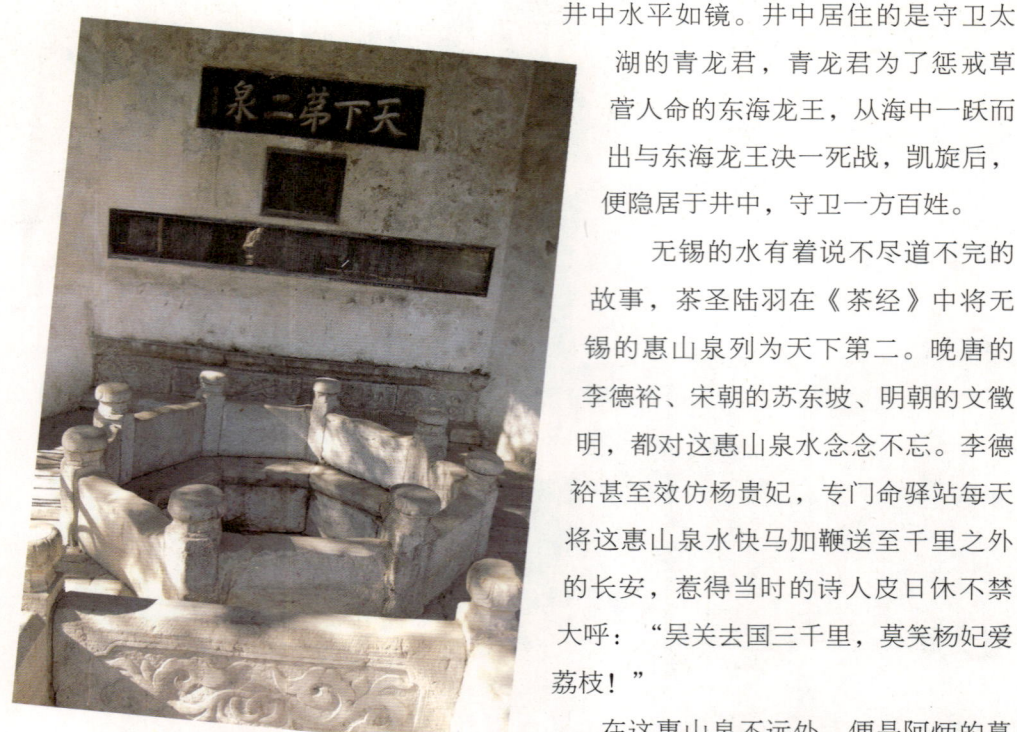

▲ "天下第二泉"无锡惠山泉

▲ 惠山泉水通过石龙头下注到大池之中，终年喷涌不息。元代大书法家赵孟頫专为惠山泉书写了"天下第二泉"五个大字，至今仍完好保存在泉亭后壁上。

夜里，听着叮咚作响的泉水，伴着时间潺潺流逝，在秋风瑟瑟的夜晚，凄风冷雨的惠山脚下，阿炳的"绝唱"从咿咿呀呀的琴弦上哀婉地流淌下来。据说十几年后，小泽征尔第一次听到《二泉映月》时，感动得流下热泪，跪拜聆听。殊不知阿炳的眼睛看不到月亮，他的心里也没有月亮，这浪漫的曲名是后来人所取。

"风声雨声读书声，声声入耳；国事家事天下事，事事关心。"这是顾宪成亲手书于无锡东林书院门口的楹联，这近乎白话的一副对联令古往今来的多少学问家铭记于心。这丝毫不生僻的两行座右铭没有庸腐文人华而不实的通病，彰显了东林名师治学严谨、诚恳做人的信念和人格。这亘古不变的道义至今仍氤氲在无锡上空，使得这小小的江南水城在温婉如玉的外表下多了几分挥斥方道、我行我素的潇洒和自在！

Hangzhou
杭州 最是江南忆

　　想要寻找一处诗意之城，让大脑在某个黄昏时刻沉迷在千年之前的历史与光影之中，与古圣先贤面对面，去感受岁月的温情，那么杭州就是最适合的地方。纵然是翻遍所有的典籍，你也找不到一座比杭州更加诗意的城市了，这里温柔的细风、平静的湖水和优雅恬静的人儿，总是让人忘记了世间的一切烦恼，只想沉醉、沉醉。

　　倚湖而兴，杭州的魂就是水。自然的造化神力为它雕刻出了柔情的骨骼，

▲ 西湖一角

◀ 杭州西湖"雷峰夕照"

"雷峰夕照"是西湖十景之一，落日晚霞给雷峰塔镀了一层金光，湖水澄澈，碧水涟涟，天光与云影也倒映其中，形成了一幅绝美的画面。

    而水赋予了它千转百回的精魂，不舍每一个昼夜晨昏的光影年华，也不忍抛却每一丝的缠绵缱绻，那从水墨风韵之中走出来的文人墨客，一个个都眼神迷离，为了它的美而不停吟咏。

    杭州之名，因河而生；杭州城池，因水而定。不管是西湖、运河还是千岛湖，这里的每一缕水光潋滟都格外迷人。从吴越建都、南宋行在，晚明流韵、太平天国，乃至民国变革，杭州在不同的历史转折之中积淀着厚重的记忆，也时时流露出对历史的思考。当杭州不再是都城，城市的趣味反而变得愈加浓郁，每到春来，铺满一地的桃花让游人踩踏其上，那温柔的触觉就是杭州给人的最亲切的触感。白衣骑士在阳光之下一闪而过，灿人目光，那是杭州给人的最明媚的色彩。在花间饮一壶茶，在湖上泛一叶舟，杭州可以让每一个人的感官都得到前所未有的满足。

▲ 西湖与落日、霞光、凉亭，相互映衬，美不言自明。

西湖：三面云山一面城

泛黄的纸页中有她的倩影，迷离的霓虹中也有她的歌唱。苏轼说，杭州之有西湖，如人之有眉目。西湖，就是杭州最动人、多情的眸子。

上溯到秦代，这里就已经设立了钱唐县，而西湖也自然得名钱唐湖，只因在杭城之西，她又得了个更加恬静的"西湖"之名。《浙江风物志》用了无尽美好的词汇来描述这片湖水，将它的美概括在"两堤三岛"，"两堤"便是白堤、苏堤，"三岛"便是小瀛洲、湖心亭、阮公墩，它们一起点缀着湖面，构成了疏密有致的景观格局。但西湖之美绝不仅限于此，西湖山水之妙，还在于北、西、南三面青峰和中间一泓碧水环抱的沉静优雅，在于亭榭玲珑、园墅错落的鲜艳夺目。

行走在西湖，长堤似锦带，湖上卧长虹。白堤的"朗""艳"，给人"十里花堤"的独特感官享受，苏堤的"幽""野"，烘托出西湖鲜艳夺目的景观色彩。湖畔的寺庙塔影绰约，保俶塔、六和塔轮廓优美峻拔，好似白描手法勾勒出的图画，让西湖之美和建筑之美融为一体。

"天下西湖三十六，就中最好是杭州"，湖泉溪涧、山石洞壑、林木花鸟，乃至古寺宝塔、亭台楼榭、石窟造像，都让西湖的山峦碧水有了灵性。无论是"间株杨柳间株桃"的婉约景致，还是"松排山面千重翠"的洒脱恢宏，抑或是"疏影横斜水清浅"的雅致清艳，西湖都将东方的审美情趣和文人情怀展示得淋漓尽致，让人怎能不爱她！

灵隐寺：咫尺西天，千古佛韵

据《杭州佛教史》记载：唐代时期，杭州佛寺就已经有三百六十寺，南宋时期更是达到四百八十寺，堪称"东南佛国"。在诸多的佛教名刹之中，创建于东晋咸和三年（328）的灵隐寺卓然立在了杭州城里，满目慈悲地望着眼前的桑海沧田，静默了千年。

灵隐寺所在的杭州天目山北高峰和飞来峰，在秦汉时期叫作虎林山，是一个白虎出没的地方。后来又被叫作武林山、灵隐山。因西印度高僧慧理在东晋初年云游到浙江，看到孤峰与其他山石不同，不禁赞叹：此天竺灵鹫山岭，不知何代飞来？从此这座峰就被叫作飞来峰，既为"仙灵所隐"，山也就改名灵隐山了。

自古名山僧多占，慧理在飞来峰下建寺，起名灵鹫寺，又在北高峰下建寺，起名灵隐寺，与飞来峰隔涧相望。岁月沧桑，日月轮换，如今灵鹫寺已荒废不见，而灵隐寺却经久不衰，香火旺盛。

初建的灵隐寺不过是"剪茅结庵，构室修行"，完全不如现在的辉煌，唐代中期之后才有了相当规模。唐德宗时期茶圣陆羽和湖州名僧皎然交好，慕名到了灵隐寺，发现这里"亭榭岿然，霞翠九霄，修廊重复"，可见当时的灵隐寺已经相当宏伟。而经历了数代王朝更迭，无数次浴火重生，如今的灵隐寺不仅是佛教名刹，更是中国雕塑艺术的宝库。

沿着石阶一路向上，脚下青苔几许，头顶松柏苍翠，这一切静谧安宁像是被历史忘却在这里。寺内的大雄宝殿是一座单层、三重檐、三叠式歇山顶仿唐建筑，飞檐翘角，以朱红油绿色为主调，屋顶装饰斗拱天花、飞天浮雕、天花藻

▶ 飞来峰石雕佛像

▲ 灵隐寺入口

▶ 灵隐寺大雄宝殿内如来佛莲花坐像

井的云龙图都是中国古代建筑的艺术杰作，让整座建筑气势雄伟，庄重华丽。殿内供奉的释迦牟尼佛祖净高19.6米，加上莲台须弥座总高24.8米，是国内最高的木雕佛像。佛身两侧还有文殊、普贤菩萨塑像和20尊天神立像，佛像后壁是高20余米的善财童子五十三参的海岛立体群像。群像人物有150个，一个个栩栩如生，衣带飘飞宛如要飞出来一般，每一尊都是出色的艺术佳品。

　　阵阵佛香最易让人沉静下来，而灵隐寺就是一位沉浸于岁月深处的老者。它不仅是名刹，更是一座博物馆。寺内天王殿正中弥勒佛背后的佛龛中站立护法神韦陀像，是用一根香樟木雕刻而成，为南宋时期珍品。大雄宝殿的石栏杆更是五代时期遗物，寺内八角九层石塔建于北宋建隆元年（960），还有来自缅甸的玉佛、绘在菩提叶上的十八罗汉像和贝叶经等宝贵文物，每一个都令人惊叹膜拜。

1600余年的岁月没有磨灭灵隐寺的光辉，反而让它愈加迷人。行走于古刹之中，拜倒在佛像之前，感受着拂面微风，轻嗅着茶香阵阵，你便可以听到岁月回声，感受千古佛韵。

千岛湖：天下第一秀水

名城，名江，名湖，名山，杭州之美综合了诸多的自然、历史和人文因素，而千岛湖作为天下第一秀水，也是杭州之旅不可或缺的一部分。水波浩渺的湖面上，这里是岛的世界、水的精灵、鸟的乐土、鱼的家园，是自然山水和谐统一的美丽驿站。

千岛湖的形状类似四叶草，在西方文化之中代表着幸运，它神秘魅惑、典雅婉约，光影总是以最美的颜色来点缀这千岛秀波，柔光晕映在湖面，任何一个角度都透着华丽典雅，宛如雍容优雅的一袭轻衣覆着柔情少女的臂膀，此情此景，若醒若梦。

世间有无数的湖泊，林林总总，在这个地球之上星罗棋布，但是没有任何一个湖泊可以像千岛湖一样摇曳生姿、独特奇美了，它独辟蹊径地在秀水之中拥有了千余座绿岛，它让浩渺的湖水和岛屿互相成就，意蕴无尽。三十余条河流分支源源不断为它输入水源，一百多种鱼类在这里形成相互依存的生态系统，独特的陶土鱼头和鱼锅鲜美可口，描述着千岛湖的无穷韵味。

湖面上水光潋滟，湖底还有一个不为人知的古城。位于淳安的古狮城是徽杭古商要道，素来有"浙西小天府"之称。城内的名胜古迹众多，明清时代的古塔、牌坊、庙宇、桥梁和书院比比皆是，古代墓葬更是数不胜数，无一不在展示着当年古狮城的富庶。20世纪50年代，为了建设水力发电站，湖水淹没了狮城、贺城等城镇，这片融合了徽派文化和江南文化的锦山秀水，承载着几千年的灿烂文化沉入了幽深湖底。那湖底的世界，依旧有古朴的街道，似乎可以听闻到热闹熙攘的车马辚辚，锦衣玉佩的商人络绎不绝，慕名而来的墨客吟诗论道。

而今，传承了五百多年的草龙舞依旧在每一个收获的季节上演，紫铜暖锅也依旧在每一个春天沸腾，起源于秦汉时期的八都麻绣艺术也尚在淳安妇女的手中针游线舞。年轻人喊着号子，抬着花轿迎娶新娘。古城在湖底静默着，而人们依旧在宽敞的街道之中熙攘喧哗，享受着千岛湖畔的和谐从容。

Shaoxing
绍兴 在黄酒的微醺里打马而过

自古至今，依水而居的绍兴一直都是繁华的，它喧嚣而又沉静，灿烂却又多情，江南的水乡风韵让它显得格外与众不同。从春秋时期的於越民族到唐宋时期的越州，再到南宋改名，似乎这片土地一直都守着无上的庇佑，繁华不改，富庶永存。

"绍奕世之宏休，兴百年之丕绪"，南宋高宗赵构为它取了这么一个名字，沿用至今，其中的美好愿望也从未改变。温润如它，就这么淡淡微笑着，看着岁月变迁，任凭儿女们或激昂或智巧地打造着自己的生活。一曲清幽婉转的越剧从这里的坊间传出来，柔情似水牵绊了几世的多情，优美而真切的声音便是绍兴倾诉给人们的柔肠。

沈园，因爱而美

踏入沈园的第一步，你就会发现什么叫作"言有尽，而意无穷"，款款行走在沈园的山水花草之间，不管是美景还是建筑，似乎都蕴含着江南含蓄之美的真谛，一山一石，耐人寻味。门口那块巨大又奇巧的石头好像一颗心，中间仿佛是被人用利剑劈开，仿若能够听到哭泣一般，但是它们却并没有完全分离，似连非连，就如同陆游和唐婉的爱情并没有因为分离而消失，这就是沈园著名的断云石。而在绍兴方言之中，"云"和"缘"的发音接近，读出它的名字还是会让人不免有一丝惆怅之感。

沈园有十景，个个都凝萃着自然、建筑、人文和意境之美。虽然它的面积并不大，但"江南十分美，绍兴九分九"的美景，却都在这里了。问梅槛里遍布的梅花，一定会让你想到陆游，也是因为他对梅花的喜爱、对爱情的忠贞，赋予了沈园不同的气质。如果是在冬末春初，恰逢梅花开放的时节，园中傲然盛开的梅花就如同陆游所说"何方可化身千亿，一树梅花一放翁"，铮铮傲骨

▲ 沈园入口　　　　　　　　　　　　　　　　▲ 沈园著名的断云石

和不屈的品格令人赞叹。而半壁亭里，又仿佛透过时间长河，站在南宋末期看懂了陆游因朝廷偏安的深深叹息。

　　置身沈园，不仅要靠五官去看、去品，它的古朴与素雅更需要用心去感悟。沈园的东苑，又叫作爱情苑，苑内有一个心形的水池，名为琼瑶池，取自《诗经》名句"投我以木桃，报之以琼瑶"，而在苑内还有一处琴台，位于高台之上。当你走到这里，视野会顿时开阔起来，居高四望，高山流水的音乐诗意也就自然流淌出来，空间意境似乎在一个刹那就可以击中你内心的渴慕，与那个曾经在这里酬唱的人儿心意相通。

107

▲ 问梅槛里盛放的梅花　　▲ 石墙上镌刻的《钗头凤》，印证了陆游唐婉那凄苦的爱情故事。

因为爱之悲，沈园闻名于世，而因为爱之美，沈园又被无数人眷顾。孤鹤轩内的对联"宫墙柳，一片柔情，付予东风飞白絮；六曲栏，几多绮思，频抛细雨送黄昏"，说的便是陆游唐婉那令人慨叹的爱情。独立于亭子的背面，眼望着一池秋水，心里便会不由自主地生出一片凄凉之感。据说唐婉就是在这样一个秋天抑郁而终，那么她泪眼婆娑的模样是否还映在池中？池内的残荷是否也因为这段爱情而败落？从亭子向南，有一石墙，上面镌刻的便是千古绝唱《钗头凤》，游人每每行于此处，都会注目良久，不忍离去。

感人至深的爱情和千古绝唱的诗篇都会让人感伤，而沈园不仅是陆游纪念爱情的地方，也是人们追求爱情、执着于爱情的寄托之所。曲廊之上那些携手而来的恋人们留下的炙热的语言，是他们的海誓山盟，也是对爱的赤诚和回响。

东湖，乌篷船上摇曳

古城小桥多，人家尽枕河。如果绍兴是一本书，那也是漂浮于水面之上

▲ 石东湖上停泊的乌篷船，荡悠悠随着湖面轻晃，似乎在慵懒地等待着游人的到来。

的，它的意蕴之中不可缺少了水。杭州有西湖，嘉兴有南湖，与绍兴的东湖一起成为闻名遐迩的浙江三大名湖，而且这片湖水还有"天下第一盆景"的美誉。如果来了绍兴，知道了西施、王羲之、王冕、秋瑾和鲁迅，却没能到东湖一览，那么你对于绍兴之美应该还不会有更深的体会。

东湖之水，似乎总是带有一缕香气，是酒香，是绍兴黄酒坛子里散发出来的浓郁香气。在东湖街道，尚未到达湖畔，这醉人的香气先会令人飘飘然。行走于古香古色的石板路上，闻着黄酒的味道，仿佛穿越到了古越商埠。而站在拱形石桥上放眼东望，一汪碧水依山环绕，湖畔开满了鲜红的杜鹃花，偶尔还会有黄花绿叶的迎春花点缀其中，仿若画中之境。

沿着桥头小径走到东湖湖畔，有傍山而建的小路，紧贴着陡峭的石壁，沾染了石头上顺流而下的水流，点染出星星点点的茵苔，而野藤环绕，灌木又是一片郁郁葱葱，恍惚之中你会以为自己来到了一个世外桃源，所有俗世的烦恼自然就抛却脑后了。

在湖畔小径的尽头，一排排的乌篷船依次排列在码头，一个个或是戴着乌毡帽或是戴着草帽的艄公悠闲地坐在船中，间或还会有美娘在驾驶乌篷船，小巧玲珑形如梭子的船只在他们的手中慢慢地游走，灵活自如。此时不需要多说什么，一个浅浅的微笑，就是绍兴最美的语言了。

坐在单桨的乌篷船上，听着船桨拍打水面，在碧澄澄的湖面上荡漾起一圈圈的涟漪，画面和水声混合在一起，清脆优美。船虽然在水上漂着，人却如在镜中游，潺潺的水声与船桨的咯吱声，那么和谐，胜过吟唱。

随着船儿进入到一处方洞，入口处狭窄，仅容一艘小船通行，进入之后另有洞天。只见四方都是悬崖峭壁，除了倾斜的洞顶有水珠滴落溅起水花，还会有悦耳的琴韵。这便是陶公洞，这里如同一口天然的巨井，又好似一口扣水巨钟，在洞底仰望天空，犹如坐井观天，造化之神奇全在这一处了。

江南水乡把稽山鉴水的缩影都留在了东湖，而东湖也会把绍兴的意蕴都留在你的眼底心中。

安昌古镇：彩虹跨河十七桥

一座城市的历史固然会逐渐走远，但是历史的痕迹却会在石板桥上留下自己的齿痕，在水面上留下自己的风情，在河两岸留下自己的声音。安昌古镇就是一个留下绍兴岁月风华的地方，这里虽然靠近杭甬高速公路和柯桥城区，但是只要迈进它的老街，这座从北宋流传至今的古镇就会用自己独有的风霜魅力让你忘记时光。

一条河穿城而过，人们就依河而居，用自己的双手来构建生活，也将对生活的美好向往寄情于河流两岸。在河南侧，是古香古色的江南民居，带着顶棚的长廊遮天蔽日，人们就在这里繁衍生息；而在河北侧是繁华的商市，店铺林立，翻轩骑楼错落有致。两岸之间一座古桥将人们连接起来，沿着青石板小路走过去，幽深的小巷子仿佛还有昨日的回声。店铺里的香肠、扯白糖，都是安昌人从岁月深处保留下来的味

◀ 安昌古镇

▶ 安昌古镇也是一个充满着江南水乡风情的地方。一衣带水，古朴典雅。

道，软糯的滋味和语音搅和在一起，甜得化不开，日子就如同涟漪一样在水面荡漾开来。

在水乡，不能没有桥，它可以将宁静和繁华相连接，也可以将过去和现在相连接。安昌古镇里的小桥也格外有趣，拱、梁、亭各式各样的桥千姿百态，是生活在这里的人们用一砖一石打造而成，古朴典雅。碧水贯街千万居，这桥带着人们的期冀而生，自然也会有美好的名字，如意、万安、福禄，每一个名字都是建造者对美好生活的祝愿。即便是如今，古镇人家嫁娶的时候还要抬着花轿走这三座桥，一步步是向未来而去的期盼。

人们总说天下师爷出绍兴，但却极少有人知道安昌才是绍兴师爷最多的地方。几百年之中，从这里走出的师爷不计其数，绍兴师爷俨然已成为这片土地上最为人所熟知的一个标签了。如今的河道两侧，师爷故居星罗棋布，依托这些故居，曾经的人们如何生活也展示在每一件雕塑、每一组桌椅和碗筷之中。古民居里整修的师爷馆、风情馆以及文史馆，讲述着过往的日子。

就算是寒冬腊月里，行走在安昌老街，你也可以感受到一份喜庆与祥和，古老淳朴的水乡风韵在水乡社戏、迎亲船、手工酿酒之中传递着，滋味从来都不会减淡。腊月风情节上，坐着乌篷船的人们在石桥、城隍殿、穗康钱庄行来走去，箍桶、竹编、打铁、纳鞋、纺棉花、揉年糕，水乡民俗的味儿反而更加浓烈了。

Ningbo
宁波 江南大地上一颗夺目的明珠

它是长三角都市圈的中心城市,自古以来便是天下水运的枢纽,凭借着南北通商和丰厚的人文积淀,江南水乡的温婉和海港城市的现代化融会到一起,形成了独一无二的宁波。

早在7000年前,就已经有先民在宁波繁衍,并在这片土地上创造了河姆渡文化。在之后的历史长河之中,宁波一直都是富庶的代名词。"书藏古今,港通天下"是对宁波城市形象的高度浓缩。

说起"书藏古今",人们总是会想到天一阁这座著名的私家藏书楼。宁波人自古流传着渔樵耕读、书香门第的价值追求,爱书、藏书之习俗至今流淌在宁波人的血液中。他们秉承着对书的虔诚,传递着宁波人的人文精神与文化诉求。

这种对书的信仰贯穿古今,成为宁波人对文明的一种追求,代表了宁波城市文化精髓。而谈到"港通天下",第一想到宁波港。作为现代化的国际港口城

◀天一阁藏书楼外景一角

▲ 天一阁书画馆

天一阁藏书楼至今已有450多年历史，是中国藏书文化的代表。

▲ 天一阁状元厅

市，港口是宁波物质基础的时代印证，港口的开放及创新都紧密牵动着宁波的经济发展。宁波人凭借开阔的视野和灵活的应变能力，抓住发展机遇，形成了闻名遐迩的宁波商帮，并在此过程中塑造了属于宁波人独有的处世方式。

天一阁：天下藏书只一家

　　宁波自古就是一个爱书之地，这里的人们似乎对于书籍有着深切的热爱，在近万平方公里的地域之中，有事迹可考的私家藏书楼就有150多家。这些藏书楼铸就了宁波这座城市的灵魂，赋予了它隽永的气质。但岁月风烟飘忽，能够遗存下来的，却只有天一阁。

　　从明嘉靖年间至今，天一阁已经走过了450余年的历史，可它依旧挺拔巍立，丝毫不减当年的风采。天一阁的主人范钦为什么会选中月湖之西的芙蓉洲来建造这座藏书楼，如今已经不可考，而从范钦开始，书卷就在这里有了栖息之所，它是一座知识的宝库，更是一处历史的结晶。到了明清之际，虽然有所

113

▲ 宝书楼
宝书楼是天一阁的灵魂和精华所在。

▶ 老外滩教堂

破损,但是黄宗羲、全祖望等著名学者都会到此登楼阅书,甚至让乾隆皇帝都赞许有加。

　　内忧外患,鼠窃狗盗,在岁月的磨砺中天一阁也曾伤痕累累,书帙乱叠,水湿破烂,零篇散佚,鼠啮虫穿,阁楼园林也日渐荒凉。那时候的它一定是憔悴不堪的,但风骨却依旧凛然。直至再次遇到了爱它的时代,天一阁才又重新焕发了风采。

　　数百年传世,天一阁是私家藏书楼罕见的奇迹,究其原因有几大规矩是所有人必须遵守的,持烟火者不可上楼、管理禁令严格、子孙以藏书为荣,而最深的根由自然是因为爱。书楼的建阁主人范钦从一开始就认识到书最大的敌人是火,而火最大的敌人是水,所以从初建的时候就在楼前凿了水池,周围用竹木环绕。"天一生水,地六成之",书楼内部不分间,楼下分为六间,这座楼的名字也由此而来。

　　走进天一阁主体宝书楼,天一池水波粼粼,奇石所搭建的"九狮一象"又为它增添了江南园林的美韵。优雅的藏书和清丽的自然环境在这里巧妙结合,卷帙浩繁,清代的时候就已经超过5.3万卷。范钦非常珍惜自己费尽心思所营建的天一阁藏书楼,为使天一阁永葆长久的生命力,范钦制定了特别严格的禁例,如"代不分书,书不出阁"的规定,虽仍未能完全摆脱历来藏书家"子孙宝之"思想的影响,但也起到了收藏与保护藏书的重要作用。

范氏十三代人历经数百年，风雨中历练，沧桑中前行，之后仍矗立不倒。回望这一路风光，从私家藏书之所到集收藏、展示为一体的历经百年风雨的综合性博物馆，范钦一定不会想到如今的它在风雨洗礼之后有了更加美好的模样。

老外滩，时空交错的见证

甬江、余姚江、奉化江三江交汇，老外滩作为中国历史上最古老的外滩，成为宁波千年历史最佳的见证者。

自古以来，宁波就是水陆联运、河海联运的枢纽，是中国最古老的港口之一，从河港到江港，再到如今的海港，老外滩的变迁也展示了宁波的时代风貌。如今的老外滩虽然面积不算大，但是国内仅存的百年历史外滩之一，散发着浓厚的港口文化气息。半个多世纪以来，作为外商聚集地，江北外滩不但具有了鲜明的近代城市建筑特色，而且也受到了西方建筑风格的影响，具有明显的西方古典主义、哥特式、巴洛克艺术装饰风格，也将西方建筑风格和中式传统风格融为一体，成为宁波近代历史重要的佐证。英国领事馆、天主教堂、永安公司等建筑都是既有青砖砌筑的江南风格，又有西方柱式结构。外滩至今保留的德坊、朱氏洋宅和王宅等20多幢颇具特色的老房子，包括宏昌源号南货店等文物保护建筑，都是中西合璧的建筑风格，和周围传统的中国民居形成鲜明对比，极具观赏价值。行走其间，如同不断穿越在历史的潮流之中，赞叹和惊艳成为人们最常见的表达。

老外滩所代表的是宁波不可割舍的一段历史，它是宁波曾经繁荣昌盛的见证，虽然遗留下来的浮码头如今破败了，但依稀还是可以看到水运文明留下的印记，让人们回想起当年"市舶云集，商船众多"的繁荣景象。

如今的宁波外滩，除了原有的历史风貌和街区格局被保留了下来，还复原了很多原有的建筑，诸如巡捕房、商铺和私宅等，这些建筑的内部结构都保存完善，又在功能上重新划分，原来历经沧桑稍显破败的老房子被修整之后，完全可以满足现代化的使用需求。同时，街区上还多了很多仿古复原建筑，驻扎了画廊、咖啡吧、酒店式公寓等现代建筑，古香古色的同时又多了一份现代之美。

新外滩也有着老外滩的韵味，中式结构，西式门面和精致雕花，巴洛克风格的小洋楼错落有致，形成了甬江一线建筑以欧式风格为主，中马路步行街建筑体现中西合璧，人民路采用现代建筑的宁波外滩新格局。

老外滩并没有走远，新外滩已经来到，就好像时代总是更迭，却不会消失一样，它们交替着延续着宁波的历史。

溪口雪窦山，秀甲东南

宁波奉化溪口西北，这里不仅有著名的蒋氏故居，更有秀甲东南的雪窦山。这座风景优美的山峦有诸多瀑布，千丈岩、三隐潭、徐凫岩，千丈流水拍

▲ 雪窦寺

雪窦寺依山而筑，逐渐递高，规模宏大，历史悠久，在佛教史上居于重要地位。

击奇石，飞溅如雪，又因主峰前有一眼泉水，冒出的小水泡沿岩壁游走，晶莹剔透，犹如水窦，此二景合称，则是"雪窦"山名的由来了。

名山自然不能缺少名寺，雪窦寺也因山得名，也叫作雪窦资圣禅寺，创始于晋，距今已有1700多年的历史，是中国历史最悠久的佛教圣地之一、著名的弥勒道场。千年来，岁月流转，寺庙经历五毁五兴。在佛法之中，弥勒佛代表着包容与和谐，而这片土地也就自然具备了这样的气质。

因地缘之故，蒋氏家族与雪窦寺也结有因缘。蒋介石祖父蒋斯千、生母王采玉虔信佛法，王氏晚年皈依雪窦寺果如法师。蒋介石回乡之际常在寺内瞻拜休憩，寺中有其亲书的"四明第一山"匾额。1932年蒋介石特邀近代佛学泰斗太虚大师住持雪窦寺，使丛林增辉。

▲ 雪窦寺弥勒宝殿

◀ 雪窦山弥勒大佛

一进雪窦山,就可远远地看到端坐着的弥勒大佛像,大佛居高临下,与山体连成一体,宏伟壮观,与山中飞瀑、浮云融为一景,令人叹为观止。

　　近代之后的雪窦寺更是在高僧大德的强化之下,丰富了弥勒文化的内涵。太虚大师在住持雪窦寺期间,宣讲《弥勒上生经》时从教理教义、密宗曼陀罗、中国五方五行等方面解析雪窦山为弥勒根本道场。现在,只要走进雪窦山,就可以看到笑口常开的弥勒佛像,他呈比丘相,具菩萨意,挂布袋形,现佛慈眼。宽大额头表示智慧无量,慈悲佛眼表示慈心无尽,双耳垂肩寓意长命富贵,笑容可掬表示施乐人间,袒腹露背表示真诚宽厚,大腹便便表示海量包容,左手握布袋寓意提起责任、放下烦恼,右手提佛珠表示把握未来乾坤,右腿曲立表示行动就在当下,左脚横放,脚趾上有"慈悲智愿行"。人们登上莲台,恭抱佛脚,即为亲近佛身,寓意"知足常乐"。慈能予乐即分享快乐,悲能拔苦即善于助人,智能增慧即传播智慧,愿能立志即树立理想,行能实践即付诸行动。整个大佛既是佛教以"和"为尚的"和尚"风范的体现,也蕴含着中国传统文化儒释道合一的思想。

　　以山映佛,"尊重包容、快乐未来"的弥勒内涵,也在让雪窦山焕发新的生机。

▲ 东方明珠是上海最当之无愧的地标。

Shanghai
上海 华灯初上时，最是人间

　　太阳刚刚下了地平线。软风一阵一阵地吹上人面，怪痒痒的。苏州河的浊水幻成了金绿色，轻轻地，悄悄地，向西流去。黄浦的夕潮不知怎的已经涨上了，现在沿这苏州河两岸的各色船只都浮得高高地，舱面比码头还高了约莫半尺。风吹来外滩公园里的音乐，却只有那炒豆似的铜鼓声最分明，也最叫人兴奋。

——茅盾《子夜》

　　在长江入海口，上海是毫无争议的东方明珠。

　　这里曾经是春秋战国时期楚国春申君黄歇的封邑，所以它又别称为申。而晋朝时期，渔民在这里繁衍，松江下游一带被称之为"扈渎"，后又改"沪"，因此上海又简称沪。到了唐朝，这里又设置了华亭县。吴越文化在这里飞速发展，外来西方工业文化也在这里扎根发芽，衍生出了上海独特的海派文化。

　　作为全球著名的金融中心，超大型的亚洲城市代表，全球人口最多和面积最大的大都会之一，上海的美值得每一个人细细品味。

外滩：十里洋场，百年沧桑

对于高楼林立的上海来说，哪一座建筑才算是它的地标性建筑？这个问题向来都争论不休，因为这里有太多值得被记住的地标。仅仅在外滩，便有着鳞次栉比的建筑，它们代表着上海的过去，也代表着上海的未来。如此看来，不管哪一座建筑成为上海的地标，外滩都是上海风情的集大成者。

从19世纪开始，上海外滩就已经名扬世界了，它无可争议地代表着上海的风采。而在此之前，外滩也不过是上海老城一处芦苇丛生的荒滩。1840年鸦片战争之后，清政府被迫五口通商，外滩也就从此开始逐步发展。到了20世纪中叶，它所涵盖的范围仍然仅限于黄浦江西岸，"从金陵东路外滩到外白渡桥长仅1.5千米的弧线上，高低错落，鳞次栉比地矗立着52幢风格各异的建筑"。正是因为这些建筑的存在，赋予了上海"东方华尔街"之称，形成旧上海半殖民地半封建社会的一个历史缩影。

在2009年"上海八景"的评选之中，外滩以绝对的高票数当选，其影响力不容小觑。如果要问为什么外滩可以代表上海，那么最重要的一个原因便是："当今的世界，再也不会有第二个城市可以像上海外滩一样建筑荟萃，它们矗立在那里，互相对照，仿佛一部活的历史画卷。"

◀ 华灯初上时的外滩一景　　　　▲ 灯火辉煌下的上海，最是人间。

　　曾经，"十里洋场"是人们对上海的爱称，而外滩便是这十里洋场的中枢所在。它从入港口面朝黄浦江的一条堤，成为一个港口，它也曾经是殖民势力的一个窗口，而随着时代的变迁，如今的外滩也焕发了新的光彩。因为过去一段特殊的历史，如今的外滩风景线上，依旧点缀着诸多的英式建筑，建于1852年的英国领馆、拥有世界上最长酒吧台的英国上海总会、沙逊大厦、华懋公寓、海关大楼以及汇丰银行，等等。它们和20多幢风格迥异的各国建筑一起站在那里，而楼顶上都飘扬着猎猎的中国五星红旗。欧洲复古主义风格的海关大楼顶上，每到整点之时还会奏响《东方红》的乐曲，铿锵有力的鼓点钟声响彻黄浦江两岸。除此之外，东方明珠是外滩最耀眼的新时代建筑，它的出现是一个新的符号，并且和外滩的过去融合得恰到好处。

　　这种复杂而又和谐的存在，便是外滩。外滩是上海这座城市最为典型的空间表征。每个人都能从这个集时尚与复古、繁华与市井于一身的外滩中，体会到上海的风情，领略出这座城市的别样面容。

　　站在黄浦江边的观景台上，感受着外滩的风华绝代，江风拂面，江面水波粼粼，百舸争流，江上海鸥高低飞翔。隔江而立的东方明珠广播电视塔耸入云霄，国际会议中心造型优美，金茂大厦、中银大厦等跨世纪的摩天大楼更是欲与天公试比高，南浦大桥、杨浦大桥宏伟的气魄更使外滩借得美景。旧时代的它已然令人赞叹，而新时代的它更加让人迷恋。

Chapter 3 · 城市风情，不一样的烟火 ·

▲ 田子坊门牌　　　　　　　　▲ 田子坊一角

田子坊：海派文化的复兴

　　有人说田子坊是上海的"苏荷"。从建国中路到寿康路，从瑞金二路到思南路，这片从20世纪法租界发展起来的居民区，以上海独有的里弄风格修建建筑，在弄堂之中展示出了上海独特的面貌。

　　根据调查，上海有9000多个里弄风格的民居，占据老上海总建筑数量的65%，可是为什么田子坊那么与众不同呢？也许是这里依托新华艺专独特的艺术气质，借由李叔同、徐悲鸿等大师的"加持"，拥有了音乐、艺术和西洋咖啡所熏染出来的不同于市井小民生活的奇异氛围。又或许是这里作为法租界，拥有新式的里弄建筑。田子坊那些混合式的建筑风格，既融合了西方联排房屋的建筑特色，也具有东方三合院建筑机构，紧凑的三四个庭院，二三层的小楼，房屋弄堂连成一排，成了海派文化的典型范例。

　　在田子坊，你可以看到不同的建筑，这里既有石库门这样上海标准传统的里弄建筑，也有带着西方装饰的新式里弄，还有花园洋房和公寓里弄。混合的城市功能让它既可以作为新式的民居，又可以作为工业用地，时至今日大部分的建筑还保留着基本的结构格局。

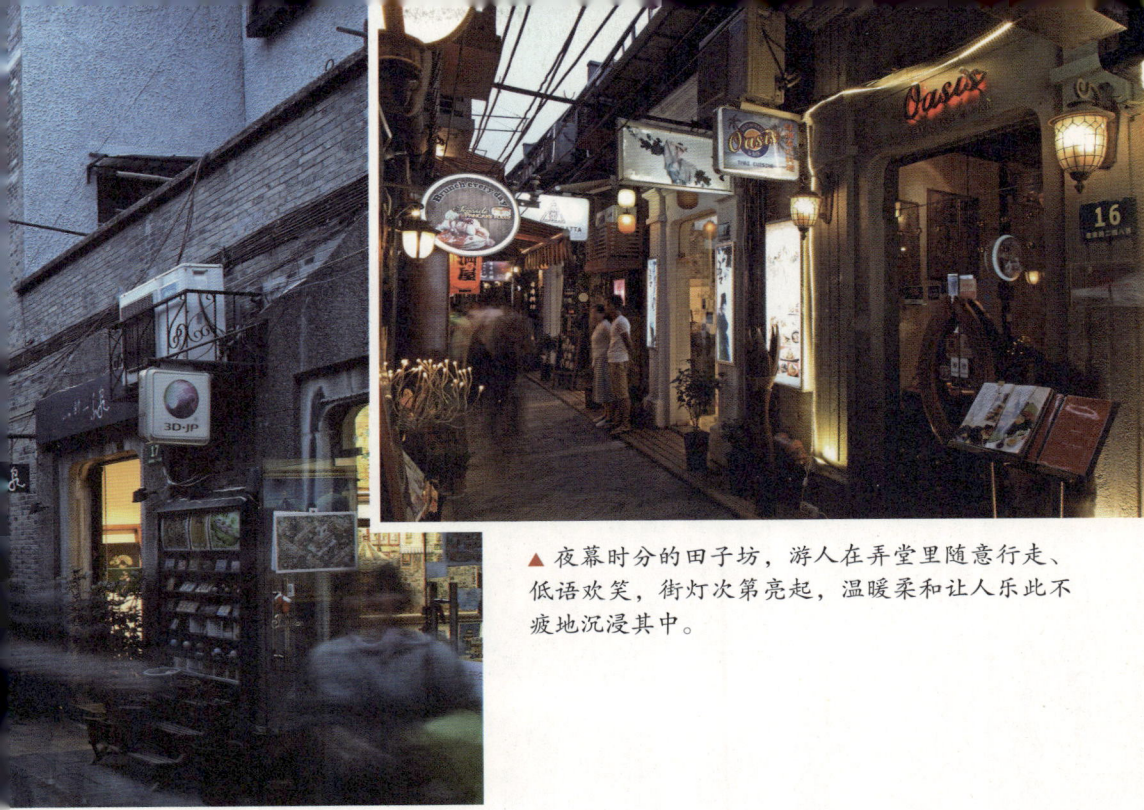

▲ 夜幕时分的田子坊，游人在弄堂里随意行走、低语欢笑，街灯次第亮起，温暖柔和让人乐此不疲地沉浸其中。

  1998年，陈逸飞的雕刻工作室在田子坊成立，从这个时刻起大批的艺术家聚集在这里，他们希望将田子坊打造成为纽约SOHO商业区那样的创意艺术园区，这也让田子坊的名气不断提升。

  随着新一代海派文化阶层的崛起，大量的艺术家来到了这里，他们不仅具有国际视野，而且带来了非凡的品位，他们需要优雅的生活，也需要打造艺术化的工作环境。田子坊这种具有强烈个性、品味，注重时尚和品质的地方，正符合这一阶层所需要的文化特征，海派文化也借此成为田子坊发展的标签。

  田子坊如今已变成了许多上海中产阶层和创意阶层的生活及工作地。大量中产阶层和创意阶层群体经常到访田子坊，在充满着海派韵味的弄堂里惬意地品尝下午茶。老人们在这里安顿怀旧之情，年轻人在这里发现潮流和时尚，外国人在这里看到了地道的中国，中国人也在这里看到了西方文化。田子坊就是带着这样的海派文化烙印，逐渐走向复兴。

海上名园——豫园

  作为已经早就被贴上国际化大都市标签的城市，上海最不缺的就是现代化的都市氛围，而作为一座江南名城，那些被保留下来的水乡名园则又代表了上

▲ **仰山堂**

仰山堂为水阁式建筑，凭栏憩坐，可观赏对岸的大假山，堂的上层为卷雨楼，取意于唐代诗人王勃的"珠帘暮卷西山雨"诗句。在细雨蒙蒙中，登楼眺望，山色迷蒙，富有诗情画意。

海婉约灵秀的一面。豫园，就是这样一个存在。

  在上海老城厢东北部，豫园和老城隍庙相连，是上海最让人流连忘返的地方之一。这是一座老城厢仅存的明代园林，园内楼阁参差、山石峥嵘、湖光潋滟、秀美无双，被誉为"奇秀甲江南"。

  豫园的修建初衷原本是一个私家花园，明嘉靖年间的四川布政使潘允端为了给父母一个安度晚年的地方，修建了这座花园。园林名字之中的"豫"，取的是愉悦老亲的意思，有安泰、平安的寓意，这也是潘允端修建这座园林的最初原因。刚建成的豫园面积是如今的2倍多，有70余亩，可是在数百年的沧桑变迁之下，豫园几废几兴，目前只有整修之后的30余亩，但就算是这仅剩的一点，也堪称江南之美的集大成者。

◀ 豫园九曲桥

进入园内，首先映入眼帘的是一座由明代江南叠石名家张南阳设计建造的假山，这座假山高4丈，用数千吨的武康黄石堆砌而成。虽然是假山，但是经过名家之手，山峰起伏连绵，磴道迂回曲折，涧壑深邃，清泉若注。山上的花木一片葱茏，山下环抱着一泓清澈的池水，游人登临这里，便会有置身于山岭之中的趣味。

在豫园的正门处，三穗堂也是园内重要的建筑。它得名取自"禾生三穗，乃丰收之征兆"的意思。在清代中叶，这里曾经是豆米业公所议事的地方，所以又得了一个名字叫作较舺厅。

仰山堂和卷雨楼都在三穗堂之后，和大假山隔池相望。清代同治年间修建的这座小楼，底层叫作仰山堂，而上层叫作卷雨楼，一共五楹，后面还有回廊，可以供人小憩。站在楼上，还可以望见假山倒映在池中。如果是雨中登楼，则能见到烟雾弥漫、山光隐约的奇景，仿佛置身于山水之间，是豫园的奇景。

除了精巧的厅堂与山景之外，豫园还有很多的桥梁、复廊的设计也非常奇巧。位于园外的九曲桥有九曲十八弯，每一个弯曲的角度都大小不一，而且在花岗石板的路面上，每一处弯曲都雕刻着季节性的花朵，正月是水仙，二月是杏花，三月是桃花，一直到十二月的腊梅，花影婆娑，笑迎四方来客。

作为中国传统文化的载体，豫园从建园时即和书画结缘。明代著名书画家王稚登、董其昌、王世贞、莫是龙等都曾在豫园赋诗题额、挥毫作画。清代画家吴昌硕、王一亭等人又在得月楼发起组织"豫园书画善会"，成了海上画派的滥觞。如今的豫园不仅建筑迷人，珍藏的书画、家具、陶瓷等珍贵文物数千件，俨然是一座传统文化宝库。

专题

值得推荐的江南游线路

江南之美，大概一生都看不完。不如选几条特别的线路走一走，尽管饱览的只是江南的一部分，但也足够以小窥大，领略江南那自然与人之间的万古联系。这里给出的虽都不是热门的路线，但不乏人气，只要愿意走一走，一定别有洞天。

三台梦迹—汪庄—胡雪岩故居—城隍阁

很少有人知道，在哄闹的西湖藏着三台梦迹这样一个静谧的地方，它地处三台山路南侧，浴鹄湾景区和乌龟潭景区之间，是西湖西水系中一片湿地，别有野趣。这里有常年茂密的古树，有始建于战国的慧因高丽古刹，有可以登高望远看到整个湖西水系的三台阁，清幽静雅，让人迷醉。

汪庄的美有些与世隔绝，少了人来人往，但有喧嚣世界里缺乏的岁月静好，所以才被选为G20峰会的宴请地。在这里只是走走，看着三面环绕的西湖，就足以安慰俗世的烦恼。

胡雪岩的故居看上去没什么特别的，不过是白色的高墙，低调的大门，可是里面却是亭台楼阁、明廊暗弄，十分奢华，是江南园林的缩影。

▲ 杭州胡雪岩故居影怜院

从胡雪岩故居前往城隍阁，并不需要多久的车程，它地势高，可以居高临下地观赏临安城的全貌，远处则是西湖的全景，碧波荡漾，满眼美色，悠然自得。

游玩天数：1~2天

蠡园风景—鼋头渚—水上书码头评弹—三山仙岛

蠡园和苏州拙政园、鲍家花园并称为"江南三大私家名园"，传说西施与范蠡远走高飞之后在此隐居，每日泛舟，因此得名"蠡园"。蠡园依水而筑，假山真水相映成趣，春来绿柳桃红，美成了一首诗歌。

▼ 蠡园一景

鼋头渚是无锡太湖西北岸的半岛，以内湖中有巨石如浮鼋翘首得名。山清水秀的旖旎风光，又有从古而来的风貌，萧梁时，广福庵在这里建成，是为"南朝四百八十寺，多少楼台烟雨中"的一处。寻古访今，每一步都是历史的足迹。

走累了，恰好在水上书码头看一场《评弹戏说太湖情》，有江南丝竹不绝于耳，也有锡剧悠扬，还有吴侬软语的温柔，之后登三山仙岛，饱览太湖风光，足以缓解舟车劳顿。

游玩天数：1～2天

木渎古镇—山塘街—南浔古镇—乌镇东栅—杭州宋城景区—清河坊街

如果想踩着江南历史厚韵行走，探访古镇古街，这条路线一定最适合。木渎古镇有2500年历史，素来有"吴中第一镇""秀绝冠江南"的美誉；山塘街则有"姑苏第一街"之称，可以沿街散步，也可以乘船游览。

南浔古镇和乌镇东栅，可以放在一天，上午用两三个小时在南浔古镇游走，下午可以到乌镇东栅游览，晚上便住在乌镇，守着当年《似水年华》的风情入眠。

宋城景区和清河坊街都在杭州，宋城景区在西湖，顺道就可以游览西湖风

▲ 南浔古镇

光，等到华灯初上时在清河坊街走走，探访杭州保留最完整的古街区，看杭州历史的缩影，结束一天的奔波。

　　游玩天数：2～3天

宏村—千岛湖—黄山

▼ 黄山月夜飞来石

　　这是一条跨省的看上去不太顺的路线，但事实上却非常方便。宏村像是从画里走出的古村落，因为仿生学建筑牛形水系而著名，是世界文化遗产，位于安徽省黄山市。从宏村回到黄山市区，再驱车一个多小时前往千岛湖在安徽省歙县境内的深渡码头，坐船3.5小时便可以到达千岛湖中心区，游览梅峰观岛等。晚上坐船回到黄山市，第二天驱车前往黄山登顶。游湖登山，别有洞天。

　　游玩天数：3～4天

吴越古道—黄岩石瀑布群—浙西天地—天龙大峡谷

　　想完成一次徒步之旅，这条路线完全可以满足。第一天前往吴越古道，感受五代十国时期吴越和南唐之间的来往通道，沿着青石而上，沿途是红花树瀑布、磕头石、古桥观溪、风车手、千顷关的盎然生气。第二天到黄岩石瀑布群，看飞流直下的壮美，无疑是最清凉的一天。

　　由于都是需要徒步的景区，比较消耗体力，如果感到疲劳可以在次日去往海拔1100米以上的浙西天地。浙西天地的万亩野花，在春天时齐齐盛放，颜色浓艳如云霞，满目灿烂。浙西天地和天龙大峡谷，可以挑一处而往，如果体力足够也可以贯穿而行。天龙大峡谷有21座桥，很多人都是数着桥来穿行，数到第21座，意味着大峡谷之行已接近了尾声。天龙大峡谷是环线，有不少出口，如果觉得劳累，可以在任何一个出口进入最近的村庄休憩。

　　游玩天数：3～4天

九景衢铁路沿线

九景衢铁路在2017年12月开通，这不仅是一条高速铁路，更是一条最佳的江南旅游线路，不用做规划，只要坐上九景衢，在任何一站下车，都是一道最美的风景。

九景衢铁路全长334千米，时速200千米/时，沿途设有九江、湖口、都昌、鄱阳、景德镇北、婺源、德兴东、开化、常山、衢州等10个车站。每一站都是一处旅游胜地：

九江有庐山；湖口有被联合国教科文组织列入世界遗产名录的石钟山和鞋山；都昌是鄱阳湖最中心的地带，三面环水，有绵延185千米的漫长湖岸线，囊括了枭阳古城址、鄱湖古战场、南山古寺庙、明清古村落等近百处历史遗迹，这里还有江南最大的戈壁滩——多宝沙山，有"东方百慕大"之称的老爷庙水域，有朱袍山、马鞍岛，风光无限；鄱阳有国家4A级的湿地公园，是世界六大湿地之一，亚洲湿地面积最大、湿地物种最多的国家级湿地公园；景德镇除了陶瓷和茶，还有茂密的原始森林，里面飞鸟鸣鸣、流水潺潺，清凉怡人，非常适合消暑；婺源有油菜花海、明清古宅、秋色红叶、徽派建筑，具体有江岭、江湾、李坑、卧龙谷、灵岩洞、彩虹桥、严田古樟等景点，旖旎的不仅是风光，更是心情；德兴有"千峰倚空碧，万嶂碍于云"的大茅山风景区；开化连着杭州、衢州、江西三清山、安徽黄山，是个去往旅游胜地的中转站；常山在钱塘江的上游，拥有喀斯特地貌，以及国家一级森林公园——三衢国家森林公园，风光独好；衢州以丘陵为主，林地覆盖面积大，以江郎山最为著名，除此之外还有太真洞、浙西大草原、江山金钉子、常山黄泥塘金钉子、小湖南节理石柱、浮盖山石洞群、廿八都古镇、和睦彩陶文化村、清漾毛氏文化村、霞山古民居、龙游石窟、九华春神殿等等。

游玩天数：无限，能把九景衢沿途的美景都细细品咂一遍，用一年、十年、一生都不为过。

▶ 景德镇陶溪川文化创意产业园夜景

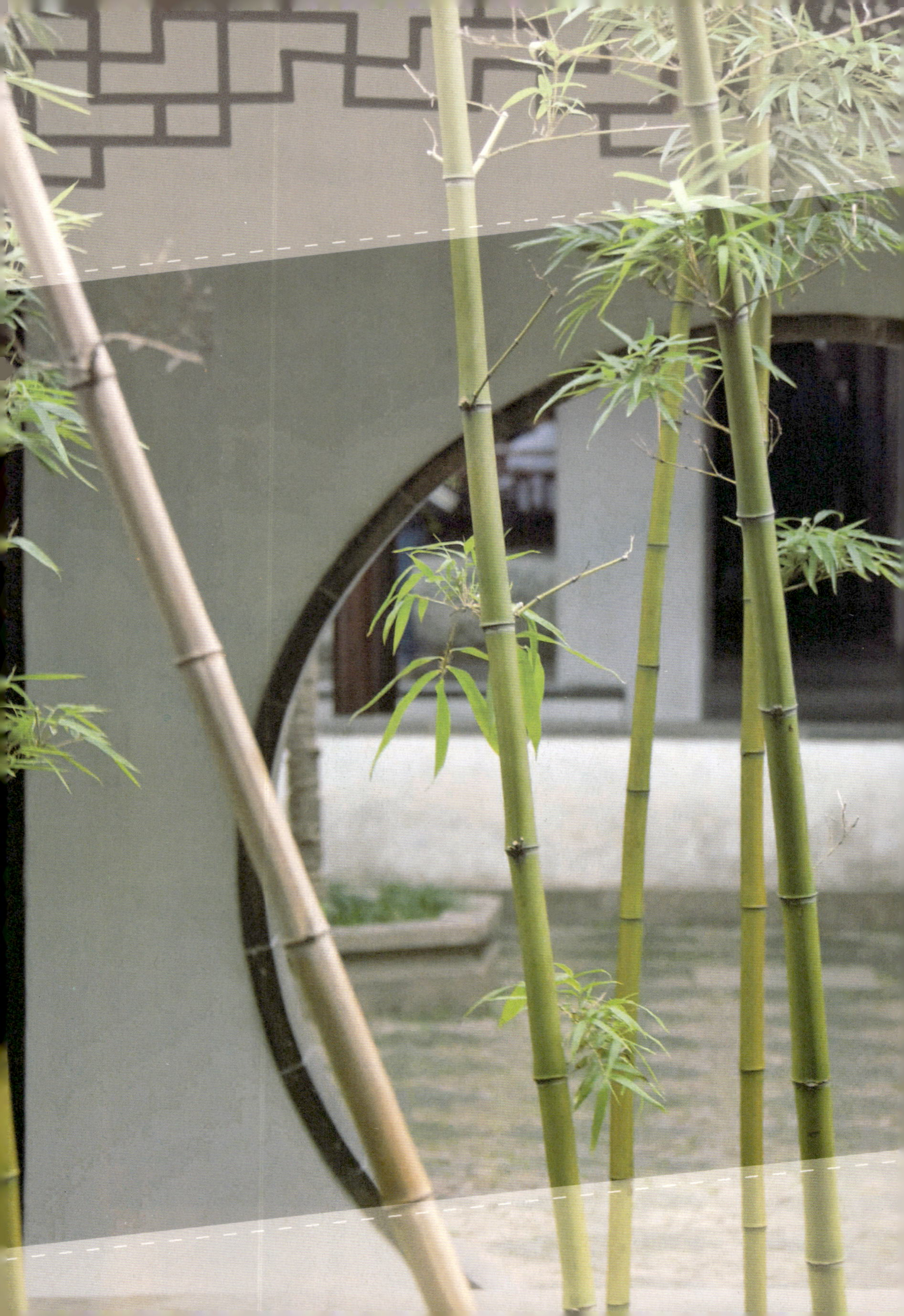

Chapter 4

文化遗产中的江南掠影

宏村 *Hongcun* 青泥小巷画中人家

看过电视剧《徽娘宛心》的人一定会被宛心的坚忍与正直打动；去过这部电视剧的取景地——安徽宏村的人一定也会为这个古老村庄的独特魅力而折服。

气候宜人、风景秀丽的皖南山区，青山萦绕、绿水环抱的山坳里，坐落着一个粉墙黛瓦的古村落。这就是位于黟县北部东山脚下、羊栈河畔的宏村。这是一座形如卧牛的古村落，村子北部的雷岗山是"牛头"，山上高耸的参天古树是"牛角"，村中的月沼、南湖是"牛胃"和"牛肚"，盘桓在南湖边的长堤是"牛尾"，整个村落里鳞次栉比的老房子就组成了"牛身"。古人说牛卧马驰是吉兆，牛主富贵，这也许只是一种期盼，而宏村的居民们也确实过得安逸。这头"卧牛"美丽而恬静，生活在这里的人们过着安详、富足、自给自足的田园生活。

宏村建于800多年前的南宋绍熙年间，明代时宏村已百业蒸腾，人丁兴旺，至清代达到了"烟火千家，栋宇鳞次，森然一大都会矣"。20世纪80年代中期宏村逐渐受到人们重视，一些国家领导人等先后来宏村旅游考察，一批名导演等先后来宏村取景。进入90年代，宏村入境游客人数每年以40.5%的速度增长，其中又以港台及海外游客为多。因其融人文景观与自然景观为一体，有"中国画里的乡村"之称。2000年11月30日，宏村被联合国教科文组织列入世界文化遗产名录。

有一副古徽州楹联这样写道："喜桃露春浓，荷云夏净，桂芬秋馥，梅雪冬妍，地僻历俱忘，四序且凭花告；看紫霞西耸，飞瀑东横，天马南驰，灵金北倚，山深人不觉，全村同在画中居。"好一个"山深人不觉，全村同在画中居"，这正是宏村田园风光意境的真实写照。清嘉庆十九年（1814）秋，浙江钱塘名士吴锡麟写道："村南有湖曰南湖，广百余亩……游迹之盛，比之浙之西湖……"赏南湖春晓，望雷岗秋月，感月沼风荷，观西溪雪霁，你定会情不

▲ 一边赏景一边戏水，感受青泥小巷画中人家的慢生活。

自禁地感慨"真像在画里一样"。

　　位于宏村最南端的南湖，整体呈弓形，弓弦处铺石板建楼舍，鳞次栉比；弓背部筑堤岸植杨柳，郁郁葱葱。水面平静如镜，映碧山蓝天，融粉墙黛瓦，引绿荫红花，如诗如画。南湖的设计遵循了中国山水画气韵生动的绘画原则，造境极富诗情画意。南湖四季皆景：春季杨柳含颦桃带笑，夏日白莲盛开风飘香，中秋水宁如镜月当空，冬雪一把银弓落玉盘。若把南湖比西子，淡妆浓抹总相宜！

　　同在山水画意境里的，还有宏村的民居园林。明末至清末的300多年间，是宏村汪氏家族发展的鼎盛时期。在这段时期里，以汪氏家族为代表的徽商崛起，高官、文人辈出。为了光宗耀祖，他们纷纷回乡投资，筑祠堂、建宅院、挖渠塘、铺街巷，一时间楼阁耸立，街巷八达。宏村的宅院建设大多受苏杭园林之风的影响，山川湖泊的景色微缩于园中，"三五步，行遍天下"。工匠们巧借水圳之活水，在院中挖池塘、建水榭、造亭阁、种树植花，造就了风格各异的村落私家园林。

　　碧园，位于水圳的源头，涓涓源头活水流经园内的鱼塘，塘水清澈见底，

▲ 月塘，又称月沼。寓"花开则落，月圆则亏"之意，将月塘掘成半月形，追求的是一种"花未开、月未圆"的意境。

◀ 宏村村民悠闲地坐在水边闲话家常。

水面波光粼粼。遥想当年的朱熹老先生，"半亩方塘一鉴开，天光云影共徘徊。问渠哪得清如许，为有源头活水来。"这样的感悟也许就是在这种景致中生发的吧。塘上建有水榭，水榭临水处三面设有"美人靠"，可供纳凉、垂钓。想来，与黛玉、湘云中秋赏月、临风吟诗的凹晶馆还真有几分相像！水榭直通厅堂，坐在厅堂内即可眺望水榭对面花台的景色。水塘北侧是一面屏风墙，墙中嵌有一方石雕透窗，"祥云瑞气"四个大字正当其中。石雕透窗旁边的园门可以通向后院，门楣上写着"碧园"二字。整个园子庭、塘、楼、榭布局井然，点缀以花草树木，令人赏心悦目。

水出碧园，再经水圳流入居善堂的水塘。水塘四周青翠欲滴，丛林间有碎石小径，道旁自由地布置着青竹篱笆，花畦内各色植物，色彩夺目，错落有序。水塘边墙上也雕有透窗，窗上青藤缠绕，野趣横生。

宏村里家家都有大小不等的庭院,如斯这般的园林数之不尽。松鹤堂里有个招鹤亭,偶有水禽栖息;德义堂古朴典雅,书香四溢;根心塘内水圳呈U形,风景独特。

承志堂,位于宏村水圳中段,建于清咸丰五年(1855),原是清末大盐商汪定贵的住宅。整栋建筑总占地面积约2100平方米,建筑面积3000余平方米,是一幢保存完整的大型民居建筑。全屋共有9个天井,大小房间60间,全部都是木结构,内部不乏砖、石、木雕,装饰富丽堂皇,136根木柱,大小门窗60个。全屋不仅有内院、外院、前堂、后堂、东厢、西厢,还有书房厅、鱼塘厅、厨房、马厩等。为了娱乐的需要,还建造了搓麻将牌的"排山阁"。前厅是整幢房子中的精华,国内罕见的"倒立双狮戏球"式木雕棚托,厅堂两侧卧室的厢房门上的"福、禄、寿、喜"四星雕和"八仙"雕,横梁上雕的那幅"唐肃宗宴官"图,都是木雕中的精品之作。鱼塘厅里水声潺潺,风清景媚。整个承志堂气势恢宏,不同凡响,有"民间故宫"之美誉。

南湖书院的景致也是可圈可点,在望湖楼上可将荡漾的南湖以及苍翠的远山尽收眼底。《汪氏族谱》中写道:"旁有小楼可以俯瞰全湖风景,时见鸢飞

▲ 横卧南湖的画桥
《卧虎藏龙》里周润发衣袂飘飘、牵着白马悠然走上小桥的镜头就是在这里拍的。

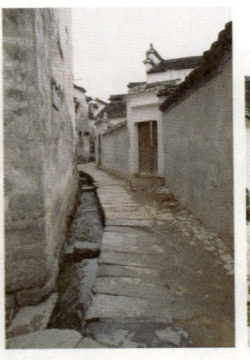

▲ 房前屋后的小巷

▲ 树人堂的大门，对联上写"百业须精，儿孙当教"。

鱼跃，生趣昂然。"望湖楼下是祗园，是供教书先生休息的小园，"祗"既是福，又有恭敬迎候之意，徽州人素来尊师重教，在他们眼中，"几百年人家无非积善，第一等好事只是读书"。园内一角，绿树掩映中，有一尊大理赏石，虽为人造，宛如天成，俗称"文人石"。

再婉转的文字也道不尽宏村的美，再悠扬的箫歌也唱不完心中的情。只是面对这样的景和情，不得不说些什么。

闭上眼睛，畅想一下：夏日的午后，独自一人俯卧在南湖书院里沧桑历练的书桌前，抛却凡俗的纷扰与隐忧，独享一份宁静，独占一段历史，会是何等惬意的事啊……

旅程随行帖

岁月年轮： 始建于南宋时期，至今已有800多年的历史，最初称为"弘村"，到了清朝时才更名为"宏村"，取意"宏广发达"。

最佳旅游时间： 冬无严寒，夏无酷暑，四季皆美景如画。

特色美食：

臭鳜鱼： 鳜鱼闻起来臭，吃起来香。此菜香鲜透骨，鱼肉酥烂，醇厚入味，同时骨刺与鱼肉分离，是徽式风味名菜。

宏村毛豆腐： 精选色清如雪、刀切似玉的上乘豆腐，经发酵后，或红烧，或油炸，或火焙，或清蒸而成，是到宏村游览必吃的菜品。

▲ 图为青石铺地的小巷。西递村四面环山，村落以一条纵向的街道和两条沿溪的道路为主要骨架，构成东向为主、向南北延伸的村落街巷系统。

Xidi
西递 桃花源里人家

　　位于安徽省南部黟县的西递是一缕淡淡的清风，白墙青檐的深宅，高高耸起的马头墙，青石铺就的石板路，清幽、质朴，足够唤起你对自己前世的猜测：前世一定跟这里有缘，仿佛几百年前的一个黄昏，自己就曾在这高墙围绕的天井里仰望过天空，一阵清风刮过，扬起绣花的裙角……

　　阳春三月，在通往目的地的乡间小路上，你可以尽情地享受清风过处遍野飘香的景致。"忽逢桃花林，夹岸数百步，中无杂树，芳草鲜美，落英缤纷"，俨然误入桃花源了。这个时节正是皖南油菜花开的季节，有兴致的可以携一两同伴，潜入高可没人的花丛，深呼吸，畅想，神游……

　　虽然同属于徽派建筑风格的村落，也同为黄山脚下黟县的世界文化遗产，但较之于宏村，西递的历史感更厚实，文化气息更浓重。走在西递的青石板路

137

▲ 西递村口石牌坊

牌坊上写着"荆藩首相"四个字,为明万历年间胡文光刺史牌坊。

上,与其说是在看一座座深宅老院,不如说是在聆听宅院主人的故事,感受他们的桃源生活。

　　进入西递第一眼看到的就是矗立在村口的"胶州刺史"牌坊,这是明万历时胡文光所建的牌坊。胡文光是进士出身,曾做过山东胶州的州官和长沙王的内府长史,得到过明廷的器重。牌坊的规格很高,有五个层次分明的楼阁,这叫"楼阁式"牌坊,牌坊上的石雕古朴精湛,造型富丽,气度不凡。

　　与其他徽州古村一样,西递也出过不少名人,也不约而同地都有一种富贵还乡的情结。楚霸王项羽在夺了咸阳后曾说:富贵不还乡,如锦衣夜行。在外的官员或富商都有此情结,回家乡大建宅院,规模因官位大小和富庶程度而有所不同。在西递众多的私宅建筑中,比较有代表性的就是清代开封知府胡文照家的西园和东园了。

走进西园的大门，就可以看见一个精致的院落。园子里树木掩映，花繁草盛，假山、翠柏相映成趣，角落里不时显露出漏角碎石，苍老的墙壁上镶嵌着各种各样的透窗。庭院以低墙相隔，一条悠长的小径贯穿了前园、中园和后园，每个园子的门头上都有精美的石雕。前园有花卉鱼池、假山盆景、石几石凳、石刻匾额等；中园的墙上有一整块石头雕成的"松石、竹梅"的漏窗石雕，枝蔓精巧；后园门额为砖雕"井花香处"四字，入内有石栏古井。穿过西园再往东行十几米就是东园，较之西园，厅院一体的东园更显小巧。东园的门额上方有方扇形漏窗，与左首屋墙上的秋叶形漏窗相应，寓意"抬头行善，落叶归根"。站在园里，一线犀利的阳光透过天井上的天窗洒落厅前，一种深邃的、穿越时空的感觉油然而生……

告别古宅，可以随意地在西递的小巷里闲逛，余晖中的古巷更添了几分幽秘。在小巷转角处，挂着茶楼的布幌，"人因秋水澹，花为彩云红"，虽不是惊天动地的话语，却道出了茶的益处。吃过晚饭后，三五成群，掛上一杯香茶，已是人间快事。这样的场景总会让人有一种高度紧张过后身心俱舒的感觉，仿佛无须奔忙，幸福生活已在手边。

如果你有幸在西递住一晚，清晨早起，坐在桥墩上，画张速写：宁静、朦胧的早晨，河边徽女捣衣，桥旁荷叶婷婷……你会感慨今生何其有缘，能够让最美的一切被自己遇到。羞涩的阳光，俊秀的村落，淳朴的习俗……村头升起袅袅炊烟，村人开始做饭了。傍晚时分看村民们悠闲地坐上石桥墩，你一句我一句地话着家常。小猫眯缝着眼睛懒洋洋地趴在主人身边，大黄狗耷拉着耳朵，安静地注视着过往的行人。人们自然而然地以微笑示好，尽情地挥洒自己的笑容……你会对这一切都舍不得，"留恋"就是这样一种感觉。

旅程随行帖

岁月年轮：始建于北宋，发展于明朝中期，兴盛于清朝初期，距今已有近千年的历史。

最佳旅游时间：一年四季，风景堪描堪画。

特色美食：

石头粿：西递的传统面食，早在清代即负盛名，馅心是猪五花肉丁和炒黄豆粉，咬开后香气扑鼻，滋润味美。如配汤食用，其味更佳。

▲ 曲院风荷

Xihu
西湖 绿荫冉冉，醉不思归

  这里是落入繁华人间的一处静谧的天堂，用江南水墨勾勒出的烟柳画桥、风帘翠幕，三秋桂子，十里荷香。走进杭州西湖的眼眸里，便会恋上它如诗如画的风景，恋上它故事里的漫漫柔情。

  西湖位于浙江省杭州市西部，三面云山一面城，湖水被孤山、白堤、苏堤、杨公堤分隔，按面积大小分别为外西湖、西里湖、北里湖、小南湖及岳湖等五片水面。小瀛洲、湖心亭、阮公墩三个人工小岛锦上添花鼎立于外西湖湖心。夕照山的雷峰塔与宝石山的保俶塔隔湖相映，由此形成了"一山、二塔、三岛、三堤、五湖"的基本格局。西湖的美丽动人不仅在于其外表的山水之胜、林壑之美，还在于它保存着众多文物古迹和深厚的历史文化内涵。因此，素有"天下西湖三十六，就中最好是杭州"美誉的杭州西湖，在2011年成为浙江省首例世界文化遗产，它也成了杭州市的风景名片。

漫步西湖岸

西湖风景美不胜收，最负盛名的就是"西湖十景"，包括苏堤春晓、平湖秋月、断桥残雪、雷峰夕照、南屏晚钟、曲院风荷、柳浪闻莺、花港观鱼、双峰插云、三潭印月。游玩西湖，可以随心从西湖边的某一个地点出发，一路走下去，便是满眼多姿的风景，满心惬意的享受。

你的旅行可以从漫步白堤开始。白堤是西湖著名三堤之一，全长大约1000米，两边桃花嫣红，柳枝泛绿，一片生机盎然的景象。白居易曾作诗云："谁开湖寺西南路，草绿裙腰一道斜。"那时白居易在杭州做刺史，修筑过一条白公堤，后因湖面缩小而荒废，白公堤无迹可寻。但人们为纪念白居易为造福杭州百姓所做的贡献，将后来的这条长堤改为白堤。白堤中间的"锦带桥"使白堤远看起来起伏有致，像是姑娘腰上的柔媚锦缎，为西湖增添了不少风景。行走在白堤，西湖全景和周边诸山的景色一览无余，心情会畅快得很。

白堤的尽头便是西湖景区中著名的断桥了，虽然看起来是很普通的单孔石拱桥，但民间白蛇与许仙的爱情故事却给断桥增添了浓郁的浪漫色彩，走到这里，便能情不自禁地想起邂逅爱情的美好。俗话说，西湖有三怪——孤山不孤，长桥不长，断桥不断。断桥之为"断桥"，一说是元代时附近住一户姓"段"的人家，取谐音变为"断桥"；另有人说是作为白堤的终点才取得此名。冬天的断桥，是观赏西湖的最佳之地。因每当西湖银装素裹之时，远观桥面，断桥在雪雾中似隐似现，美轮美奂。漫步断桥之上，犹如置身雪白的宫殿，四周寂静，只有踩雪时带来的沙沙声，静谧而绵长。

走过断桥，便到了西湖另一条长堤——苏堤。说到苏堤不得不提苏东坡，当年苏东坡主政杭州，为疏浚西湖，带领百姓筑起了这条纵贯西湖南北的长堤，后人为缅怀他便有了"苏堤"。苏东坡在此留下的诗句"欲把西湖比西子，淡妆浓抹总相宜"，也成为描写西湖的千古绝唱。闲情漫步在苏堤，你会情不自禁地陶醉在醉人的景色里，谈情说爱也变得颇有韵味，因此苏堤也被称为"情人堤"。苏堤以早春晨曦初露时的景色最令人心醉，清康熙皇帝南巡杭州，品题西湖十景时，就以"苏堤春晓"为十景之首。

▲ 西湖十景之"苏堤春晓"　　　▲ 俯瞰小瀛洲

  行走于苏堤，远远望见湖对岸矗立着一座宝塔似的山，那便是宝石山了。无论是天晴还是微雨，宝石山远远望去就像朵朵彩霞漂浮在湖畔上空，山上那座高高耸立的宝塔就是西湖二塔中的保俶塔，与雷峰塔隔西湖相对，素有"雷峰似老衲，保俶如美人"之说。

  如果你想看到传说中的雷峰塔，再往前走，看到那座金碧辉煌的塔便是了。这座记载着许仙、白娘子凄美爱情的宝塔，其实始建于五代吴越国时期，历史上确有因为几度战乱遭受重创被纵火烧毁的记载，之后轰然倒塌。中华人民共和国成立后又在原塔遗址上重建，在西湖十景中，"雷峰夕照"是历史上唯一毁损又恢复的景点。如今，它依旧屹立在西子湖畔，承载着历史的沧桑，集聚着世人的期盼，成为一种深情的坚守。

人在画中游

  赏西湖，不坐船是一种遗憾，因为湖中有著名的三岛。古时候人们常把想象中的海上仙山琼岛统称为"蓬莱三岛"，西湖也不例外。人们把湖心亭比作蓬莱，阮公墩称作方丈，三潭印月就叫作"小瀛洲"。因此，可以三四个人雇一艘船夫手摇的船，划船徜徉在明镜似的西湖里，尽情地感受一番天地空灵的自然美。

  游船可以先向小瀛洲出发，到达三潭印月景区。从空中俯瞰岛屿，全岛如一个特大的"田"字，构成了"湖中有岛，岛中有湖"的奇景。岛上有九曲桥、开网亭、竹径通幽和我心相印亭等景点。小瀛洲的精华在于岛南面的三座石塔，称为"三潭印月"。它原是苏东坡疏浚西湖后，在苏堤外湖中所立的三座石塔，后三塔被毁，到了明天启元年（1621），才又重建恢复了旧迹。每逢月夜，皓月当空，呈现出"天上月一轮、湖中影成三"的绮丽景色，真是一湖金水欲溶秋，有说不尽的诗情画意！

坐船在湖中还可以看到一座飞檐翘角的亭，那就是湖心亭，它不仅是亭名，也是岛名。湖心亭是西湖风景区中最大的一座亭，重檐歇山式的屋顶，全用金黄色琉璃瓦铺盖，四面厅落地长窗，富丽堂皇，古朴庄重。倘若站在湖心亭中极目远眺，水光山色辉映，乾隆皇帝也曾经对此处风光流连忘返呢！

与三潭印月、湖心亭鼎足而立的另一个湖中绿洲就是阮公墩。始建于清朝嘉庆五年（1800），是浙江巡抚阮元疏浚西湖时用湖中挖出的淤泥堆积而成，后人为了纪念他的功绩，取名为阮公墩。后来对此岛进行了布局和营建，逐渐成为一处游览胜地，犹如西湖碧玉盘中一颗晶莹的翡翠，"阮墩环碧"景名由此而来。岛上旅游项目有垂钓和仿古夜游，是西湖夏季推出的特色旅游项目。

另外，西湖附近还有许多历史人文景点，坐公交车可以到灵隐寺一游。灵隐寺拥有中国室内最大木雕坐式佛像，你可以在里面参观到许多形态各异的石窟、佛像。灵隐寺是因为济公而出名的，所以在这里千万别错过了济公殿哦！

不容错过的当地美食

叫花童子鸡是杭州首选的地方菜。传说是古时朝政暴乱使得许多百姓沦为乞丐，某天一个叫花子饿昏了，难友便给他搞来一只小母鸡，用烂泥包裹起来，放在篝火中煨烤泥团，烤熟后，意外发觉此鸡异香扑鼻，十分好吃。从此，这一别致的煨烤法便传开了。杭州厨师不断改进，采用嫩鸡、绍酒、西湖荷叶等食材，并于鸡腹中填料，进行精细加工，使烤鸡香醇透味，成为人们喜欢的传统名菜。

西湖醋鱼也是杭州名菜中的看家菜，选用大小适中的草鱼，先用清水氽熟，掌握火候，装盘后淋上糖醋芡汁。成菜色泽红亮，肉质鲜嫩，酸甜可口，实属人间美味。

苏东坡在杭州为政的几年，也为当地留下了一道美食，这便是大家耳熟能详的东坡肉。东坡肉是用猪肉炖制，一般是一块约二寸许的方形猪肉，一半肥，一半瘦，入口肥而不腻，带有酒香，十分美味。

此外，西湖的美食还有干炸响铃、宋嫂鱼羹、西湖莼菜汤、龙井虾仁等，土特产也有品南乳肉、杭州酱鸭、西湖龙井茶、西湖藕粉等，这些都包含着千百年来当地的风土人情与百姓的烹调智慧。

Suzhouyuanlin
苏州园林 闹市中的山水之怡

苏州乃江南胜地，山美，水美，园林美，又有着众多的能工巧匠和深厚的文化底蕴。在这片人杰地灵之地形成精致的园林文化是一点不奇怪的。苏州园林与北方的颐和园、避暑山庄等皇家园林大异其趣，它代表的是中国传统文人的雅文化，又不乏亲切的市民趣味，因此非常贴近人们的生活。苏州园林"虽由人作，宛若天开"，联合国教科文组织世界遗产委员会于1997年和2000年分别将拙政园、留园、狮子林等古典园林列入世界遗产名录。

悠久的造园传统

在2500年前的春秋时代，吴王阖闾利用苏州郊外的自然山水，兴建了姑苏台，三年乃成，"横亘五里"。之后，吴王夫差又扩建姑苏台，规模宏大、建筑华丽。同时，又在太湖之滨建立了风景园林和离宫别苑，这是苏州最早的园林建筑。

东晋以后，中原动乱，世家豪族纷纷迁往江南，苏州一带才真正发展起来，私家园林也逐渐兴起，造园艺术又有了新的发展。隋唐时期，随着大运河的贯通，苏州的繁华更盛。当时的虎丘、灵岩、石湖和洞庭东、西山等，都已成为风景优美的游览胜地。这些地方都以自然山水为主、追求山乡野趣，这也是当时园林风格之一。

北宋末年，为宋徽宗采办"花石纲"的朱勔，除大力采集太湖石和名贵花木，运送到汴京建造"艮岳"外，自己也乘机发迹，在盘门内建造乐园和绿水园，其中有18个鱼池，分养各类观赏鱼。宋代士大夫在苏州所造之园还有苏舜钦的沧浪亭、史正志的万卷堂（网师园前身），其中以朱长文所造乐圃尤为著名。

▲拙政园一景

▲ 留园风景

▶ 拙政园清晨

天如禅师建造了狮林寺（今狮子林）。园内石峰林立、玲珑俊秀、山峦起伏、气势如虹。明清两代，苏州造园成为一种风气，江南一带也涌现出一大批造园艺术家。如明代的计成、文震亨、张涟和周秉思，清乾隆时的戈裕良、石涛和仇好石等，都曾名噪江南，建树颇丰。

拙政园的由来

拙政园是苏州园林的代表，与北京颐和园、承德避暑山庄、苏州留园一起被誉为"中国四大名园"。2007年被国家旅游局评为首批5A级旅游景区。

它的知名度高，一是因其布局设计、建筑造型、书画雕塑、花木园艺等方面都有独到之处。另一个原因是，拙政园曾为历史舞台上的许多风云人物提供了活动场所。其中，有江南文豪钱谦益及其妾柳如是，有明末御史、刑部侍郎王心一，有太平天国忠王李秀成，有江苏巡抚李鸿章。

拙政园始建于明代正德四年（1509）。御史王献臣因官场失意而还乡，以大弘寺址拓建为园，园内亭台楼阁，小桥流水，古木参天。拙政园的园名是据西晋潘岳的《闲居赋》中"此亦拙者之为政也"之句缩写而成的，意思是隐退林泉，不问政治。

拙政园为三个部分：东部，曾取名为"归田园居"，以田园风光为主；中部，也称为"复园"，以池岛假山取胜，是拙政园的精华所在；西部，也称为

▲ 拙政园

"补园"，园内建筑物大都建成于清代，其建筑风格明显有别于东部和中部。与北方皇家园林不同，拙政园没有明显的中轴线，没有传统的对称格局，大都是因地制宜，错落有致，疏朗开阔，近乎自然，这亦是江南园林的特点。

东园开阔疏朗

经过拙政园的墙门和"通幽""入胜"腰门，就来到拙政园的东部。这里有一座三开间的厅堂，名"兰雪堂"。取自李白"清风洒兰雪"之句，象征着主人潇洒如清风、洁净如兰雪的高尚情操。走出"兰雪堂"，迎面看到一座假山，青翠的竹丛和古树，簇拥着一座巨大的石峰，状如云朵，岿然兀立，西侧有两块形状怪异的湖石，两石中间夹着一条羊肠小道。中间这座石峰叫作"缀云峰"，像一个巨大的屏风，挡住来宾们的视线，这种"开门见山"的造园手法，被称作"障景"，为的是避免园中景色一览无余。过了假山，游客就可以看到拙政园东部的主要景色了。

东园风格疏朗明快。东侧草坪广阔，草坪西面堆土成山，四周绿水环绕，柳枝低垂，间以石矶、立峰，临水建有水榭、曲桥，令人心旷神怡。

拙政园东部和中部，是用一条长长的复廊隔开的。走廊的墙壁上开有25个漏窗，就像精雕细作的剪纸图案，镶嵌在长长的画轴上面。人们信步走在游廊里，随着漏窗花纹的更换，园内的景色也在不断地变幻，称作"移步换景"。

中园精华所在

打开复廊里的黑漆大门，一股沁人凉风扑面而来，就来到了中部花园。

中部是拙政园的主景区，为精华所在，面积约18.5亩。其总体布局以水池为中心，亭台楼榭皆临水而建，有的亭榭则直出水中，具有江南水乡的特色。池水面积占全园面积的五分之三。池广树茂，景色自然，临水布置了形体不一、高低错落的建筑，主次分明。

长长的人工湖里面种满了荷花，狭长的湖形从这头一直延伸到园底，远处的北寺塔影正好落在湖两岸的绿树荫中。据说，这是主人的一个布局构想，家里有了亭台楼榭，有湖有桥还缺个塔，于是就在此借景一用，把这墙外的北寺塔正好不偏不倚地纳了进来，大大扩展了中园的景深。

中园总的格局仍保持明代园林浑厚、质朴、疏朗的艺术风格。以荷香喻人品的"远香堂"为中部拙政园主景区的主体建筑，位于水池南岸，隔池与东西两山岛相望。池水清澈广阔，遍植荷花，山岛上林荫匝地，水岸藤萝纷披，两山溪谷间架有小桥，山岛上各建一亭，西为"雪香云蔚亭"，东为"待霜亭"，四季景色因时而异。从拙政园中园的建筑物名来看，大都与荷花有关，反映了主人孤高不群的品格。

中部景区还有微观楼、玉兰堂、见山楼等建筑以及精巧的园中之园——枇杷园。

见山楼是很别致的。此楼三面环水，两侧傍山，底层被称作"藕香榭"，

▼ 在冬雪下的拙政园内远眺北寺塔

沿水的外廊设吴王靠，小憩时凭靠可近观游鱼，中赏荷花，远则园内诸景如画一般地在眼前缓缓展开。上层为见山楼，陶渊明有名句曰："采菊东篱下，悠然见南山。"此楼高敞，可将中园美景尽收眼底。春季满园新翠，姹紫嫣红；夏日熏风徐来，荷香阵阵；秋天池畔芦荻迎风，寒意萧瑟；冬时满屋暖阳，雪景怡人。见山楼高而不危，耸而平稳，与周围的景物构成均衡的图画。

"小沧浪"是一座三开间的水阁，南窗北槛，两面临水，跨水而居，构成一个娴静的水院。站在"小沧浪"前往北看，廊桥"小飞虹"倒映在水里，水波荡漾，犹如彩虹。这里是观赏水景的最佳去处。

枇杷园是中园里的园中园，因种有枇杷树而得名。它的园门设计得很巧妙。游人走到这里，见到前面一道云墙，两面种有牡丹，正所谓"山重水复疑无路"了。真没有料到，只要再往前走，就可以发现，黄石堆砌的假山遮住了旁边的一个门洞。随着人们一步一步走近，门洞就一点点扩大。到了门口，才发现门洞像一轮明月，镶嵌在白色的云墙上。过门洞后再往前走，这轮明月又被这边的湖石假山慢慢地遮住了。看着月洞门和牡丹花，不禁使人想到"闭月羞花"的典故。

西园建筑精美

西部原为"补园"，面积约12.5亩。其中水面迂回，布局紧凑，依山傍水建以亭阁。这里的主要建筑是十八曼陀罗花馆和卅六鸳鸯馆，相当工巧。两馆实为一馆，南部为十八曼陀罗花馆，北部名卅六鸳鸯馆。这是古建筑中的一种鸳鸯厅形式。南厅十八曼陀罗花馆，宜于冬、春。曼陀罗花即山茶花。北厅因临池曾养三十六对鸳鸯而得名。卅六鸳鸯馆内顶棚采用拱形，既弯曲美观，遮掩顶上梁架，又利用这弧形屋顶来反射声音，增强音响效果，使得余音袅袅，绕梁萦回。此馆环境优雅，陈设古色古香。主人在此宴友、会客、听曲、休憩，悠闲自得。冬天春天的时候，主人家就搬去十八曼陀罗花馆，到了夏秋的时候就搬去卅六鸳鸯馆，面对小湖，纳凉、看鸳鸯戏水，好不惬意！中国文化的养生之道，在这里体现得淋漓尽致。

以拙政园为代表的苏州园林，处处是充满着诗情画意的青山绿水，时时洋溢着温情脉脉的家庭气氛，全园体现了淡泊明志的人生哲理，正是古人们苦苦追求的"人间天堂"。让我们这些生活在钢筋水泥丛林的现代人好不羡慕！

◀ 卅六鸳鸯馆

苏州园林的主要遗存

苏州保存尚好的园林有几十处，除了拙政园，其他简介如下：

沧浪亭，苏舜钦于北宋时期建造。特点：因地制宜，巧于因借，山水并重，长廊取胜。

网师园，史正志于南宋时期建造。特点：园内布局玲珑紧凑，景观似断似续，处处贯通，有行回不尽之致，是以少胜多的小园极则。

狮子林，元代天如禅师建造。特点：园中的花木、池水、建筑与假山有机地结合，以假山取胜。

留园，明代徐泰时建造。特点：以建筑结构见长，布局严谨紧密，装饰精巧别致，门户重叠，变化多端。

艺圃，袁祖庚于嘉靖时期建造。特点：质朴自然，以文取胜。

环秀山庄，五代吴越钱氏"金谷园"旧址。清乾隆年间为刑部员外郎蒋楫宅，其后相继为尚书毕沅宅、大学士孙士毅宅。面积虽小，气势非凡，以山为主，池水辅之，突显园林建筑之雄奇、幽远、秀美之特点，被联合国教科文组织列入世界文化遗产名录。

藕园，清代陆锦建造。特点：布局讲究易理，寄寓爱情主题。

退思园，清代任兰生建造。特点：因地制宜，巧妙理水，寄托江湖之思。

怡园，清代顾文彬建造。特点：博采诸园之长，布局紧凑巧妙。

▲ 黄山松

Huangshan
黄山 上帝的盆景

这是一座闻名全国的奇山，两亿年的漫漫时光雕琢了这座神奇大山不凡的神韵。谜一般的前世今生，赋予了它卓然超群的气势和风骨。奇松、怪石、瀑布、云海，它天生卓越的美貌和瞬息万变的气质，吸引了无数迁客骚人为它赞美。走进黄山，一起去领略它独特的风采。

俗话说："五岳归来不看山，黄山归来不看岳。"黄山的神奇秀丽在许多人的口耳相传中已经蒙上了神秘的色彩。黄山位于安徽省黄山市境内，素来有"天下第一奇山"之美称，是"三山五岳"中三山之一，其奇松、怪石、云海、温泉更是成为黄山"四绝"。

说起黄山命名的由来，这座山在古时称为"黟山"。唐天宝六年（747），

◀ 黄山的松、石、云

黄山松自古以来就闻名于世。而那云雾笼罩中的青翠景象，更是如诗如画。

唐明皇根据轩辕黄帝曾在此"煮石炼丹、羽化成仙"的传说，才改名为黄山，即"黄帝之山"。也因为这个原因，黄山自古为道教名山，遗迹众多。山中以道教命名的名胜有朱砂峰、炼丹峰、天都峰、轩辕峰、仙人峰、丹井、仙人晒靴石、仙女绣花石、望仙台、炼丹台、炼丹源、神仙洞等。黄山中有名可数的72峰，布局错落有致，天然巧成，其中，天都峰、莲花峰、光明顶为其三大主峰，海拔高度皆在1800米以上。

黄山"四绝"

在中国，具有气势的大山才能称之为"岳"，中国有"五岳"之说，而黄山却能集五岳的雄伟、险峻、烟云、飞瀑、峭石于一身，展现出它卓然的风姿。从古至今，无数诗词歌赋的记载都没有停止过对它的热爱，"黄山之奇，信在诸峰；诸峰之奇，信在松石；松石之奇，信在拙古；云雾之奇，信在瀑

醉美江南

▲ 行知亭

黄山西海至光明顶的盘山道上，有一座"行知亭"。亭柱上镌有陶行知先生"千学万学学做真人，千教万教教人求真"的名言；亭前的石牌上刻着"行动是老子，知识是儿子，创造是孙子"的格言。立于亭中，远眺飞来石，雄奇险峻；近观名言警句，回味无穷。

▶ 飞来石

海。"走进这座神秘的大山，横空峰峦，浩渺云烟，奔泻飞瀑，嶙峋巧石，奇特青松，无不展现着黄山的壮美风姿。

奇松。松是黄山最奇特的景观，百年以上的黄山松数以万计，它们大多生长在岩石缝隙中，盘根错节，傲然挺立，显示出极顽强的生命力。松不只为黄山披上了绿裳，还为黄山增加了一份灵动。最著名的黄山十大名松就有：迎客松、望客松、送客松、探海松、蒲团松、黑虎松、卧龙松、麒麟松、连理松和竖琴松。玉屏峰东侧的迎客松更是成为黄山的象征，年年岁岁迎接着来自五湖四海的游客们。

怪石。黄山的怪石以奇取胜，以多著称。处处可以看到险峰林立，危崖突兀，山顶、山腰和山谷等处广泛分布着花岗岩石林和石柱，巧石怪岩犹如神工天成，似人似物，似鸟似兽，情态各异，形象生动，构成了一幅幅绝妙的天然山石画卷。其中有名可数的就有120多处，著名的有"松鼠跳天都""猴子望太平"等。

云海。许多从黄山归来的游客都会对黄山的云海赞不绝口。"自古黄山

云成海"，黄山是云雾之乡，以峰为体，以云为衣，其瑰丽多姿的云海以美、胜、奇、幻享誉古今。如果你是在雨雪后的初晴时分登上黄山，或者是日出或日落时站在黄山顶上，你看到的"霞海"就是最为壮观的。怪石、奇松、峰林漂浮在云海中，忽隐忽现，置身其中，就犹如进入一个梦幻境地，飘飘欲仙，可以领略"海到无边天作岸，山登绝顶我为峰"的境界。

温泉。黄山的"四绝"中还有一绝就是温泉，黄山温泉，古称"灵泉""汤泉""朱砂泉"，它由紫云峰下喷涌而出，和桃花峰隔溪相望，传说轩辕黄帝就是在此沐浴七七四十九日羽化升天的。当然，那只是传说，但黄山的温泉中含有多种对人体有益的微量元素，水质纯正，温度适宜，可饮可浴。

天都之恋：无限风光在险峰

天都峰位于玉屏楼景区，可从山下乘玉屏索道至玉屏楼。闻名遐迩的迎客松就站立在玉屏楼左侧，伸展枝叶，热情欢迎纷至沓来的游客。天都峰位于玉

▲ 黄山山峰壁立，似刀砍斧削。　▲ 黄山最高峰莲花峰

屏楼南，在黄山三大主峰中最为奇险，风景也最为壮观。

从玉屏楼登天都，需要先下行一段，途经蓬莱三岛观景平台。所谓蓬莱三岛，即三座参差不齐的小山峰，如剑如戟，直插入云。这里海拔接近1600米，山间时常云雾缭绕，三座山峰在云雾中幻若蓬莱，因此得名。

从天都峰脚至峰顶的爬山路径既高又陡，有的地方几乎直上直下，远看如一架云梯攀上云端，俗称"天梯"。因为石级太陡，沿途装有石柱铁索，游人手脚并用，拾级而上，状若登天。天梯虽险，但比起鲫鱼背，则是小巫见大巫了。鲫鱼背实则为一块大石，狭长而高，两侧是万丈深渊，中间最窄处仅容一人通过。在云海之中，大石中间隆起的地方如露出水面的鱼脊，故称"鲫鱼背"。虽说两旁有石柱和铁索保护，但要通过这万丈深渊之间宽仅一米的小路，着实令人胆寒。两旁云遮雾绕，深不见底，面前松风猎猎，吹动衣襟，游人走过这段路时都禁不住战战兢兢，手脚哆嗦。不过通过之后，则是另一番心境了。

征服天险登临山顶的那一刻，黄山雄奇的画卷骤然展开，心底荡漾的层云突然消散，与眼前这绮丽的画卷相比，来路上的艰难又算得了什么呢？放眼远眺，大大小小的山峰在云雾中若隐若现，有的似身材曼妙的少女，有的像含羞绽放的花朵，还有的则冷峻傲岸如刀如剑，千峰竞秀，蔚为大观！烟云乍起时，游人披霞驭风，如入仙境；天高云淡时，松姿弄巧，巨石献奇。站在这高山之巅，不见飞鸟，不闻水声，耳边风声飒飒，眼前群峰环峙，这才是山高人为峰的境界！

▲ 黄山日出

不到光明顶，不见黄山景

玉屏楼景区被称为前山，北海景区就是人们通常所说的后山。来北海景区这里主要是欣赏黄山的奇峰怪石。景区里以峰为主体，汇集了石、松、坞、台、云等奇景，总能让你惊叹不已。主要景观有光明顶、飞来石、排云亭、狮子峰、清凉台、散花坞、梦笔生花、始信峰等。

说起光明顶，很多人自然就会联想到武侠小说《倚天屠龙记》中六大门派决战光明顶。而实际上，金大侠设计的光明顶在昆仑山，而不是黄山，至于昆仑山是否有另外一个光明顶还有待考证。黄山光明顶海拔1860米，是黄山第二高峰，因为其顶部高旷而平坦，日光充足，所以名为光明顶。明代普门和尚曾在光明顶上建大悲院，现在其遗址上建有黄山气象站。

光明顶上的日出日落历来被游客推崇备至，要想有个好的观景位置需及早去等候。在这里，红日、霞光、云雾、群峰共同挥笔，画就一番绮丽风光，变幻无穷，美不胜收，语言不能穷尽其一二。

光明顶的西北方，有一突兀巨石，石高有12米，重约360吨，名曰"飞来石"。1983年拍摄电视剧《红楼梦》时曾在此取景，伴随着委婉缠绵的红楼序曲，飞来石走进了全国观众的视野。

排云亭位于飞来石以北，是西海观赏黄山巧石最理想的地方，所以有"巧石陈列馆"之称。左侧不远处的巧石，恰似一只靴子倒置于悬崖之上，故名仙人晒靴；右侧沟壑中竖立着一根石柱，有两块巧石，恰似两只古代仕女穿的绣花鞋。其他巧石还有天女绣花、天女弹琴、天狗听琴、仙人踩高跷、武松打虎，等等。游客们可以尽情发挥想象，感受大自然的神奇！

Mingxiaoling
明孝陵 金陵怀古，倾听那历史深处的回音

是梅花的欢腾，是神道石像的坚守，是享殿的坚固，是明孝陵从历史长河中转身而来的明朝缩影。六个世纪的烟雨蒙蒙，六百个春秋的时光轮转，历经两朝和民国，走过了烽火连天的威胁，明孝陵依旧庄重地伫立，迎接下一个百年、千年。我们，都是它的过客而已。

明孝陵的存在，早已不是祭拜的墓穴，而是今人可以看得到、摸得到的历史痕迹。那苍莽浑厚的历史，因为它的存在而从文字变得生动形象，纸上得来终觉浅，要想真切了解恐怕身临其境最有效果。

▲ 明孝陵俯瞰

◀ 明孝陵

梅花山的梅，香艳了整个春天

明孝陵的热闹一半因为朱元璋，一半因为梅花山。在梅花山踏出的每一步，都有暗暗的梅香。二月的南京，常常阴雨，带着冬季末期的寒冷，百花连绿叶都未曾抽出一片，梅花山却有漫山遍野的簇簇梅花，白色如雪，粉色像羞红了的少女脸颊，在时时吹来的清风中饱含春意地舞蹈，夹带扑鼻而来的香气，让人发自肺腑地祈愿"朔风如解意，容易莫摧残"。

南京的梅花从六朝起开始飘香，梅花山的梅花则是长久以来最负盛名的佼佼者。梅花山占地1533多亩，有梅花40000多株，近400个品种，被称为"中国第一梅花山"。

只有浸润在梅花山的花海中，才知道都叫梅花却千差万别——红梅颜色从粉色到淡红再到艳红，一如浓妆淡抹总相宜的姑娘，看在眼里是不一样的风情，却是一样的心花怒放；照水梅花白色胜雪，小枝暗绿，能结果实，口感酸甜，可酿酒，可做蜜饯，是可口的美物；玉碟可爱至极，花瓣圆钝憨厚，花色从白色过渡到粉色，如被晕开的水彩，一气呵成却颜色分明；腊梅金黄，最是骄傲，总迎着冬天寒风盛开，斗寒傲霜，气质高洁，还有胭脂、长枝、送春、千叶红……同宗

▲ 明孝陵梅花山

每到花开时节，梅花山上花开烂漫，如火般张扬着不绝的生命力。

同族却形态各异，性格不同，原来万物有灵，不仅仅是人类才有个性。

寻香而往，梅花山自然有许多可以赏梅的好去处，像是可以吃饭赏梅的暗香阁，像是可以在里面歇脚观赏的知春亭，还有临池而建，水与梅花相映成趣的无涯亭和冷香亭。

其中最好的赏梅之处，是西北侧的博爱阁。这座落成于1993年的亭台，是台湾爱国人士为了纪念孙中山先生127周年诞辰所建，"博爱"两字便出自孙中山之手。

于梅花盛开的时候，站在博爱阁的流光溢彩之中，俯瞰着漫漫花海，将每一次的花枝招展都定格在记忆之中，此后不管时移世易，这段记忆都会带着一股梅花的香甜气息，让人忘却烦恼。

▲ 明孝陵神道

初夏时节，明孝陵神道两侧树木高大，郁郁葱葱，浓密的绿色与高大庄严的石兽形成一幅和谐的自然画卷。神道两侧一次排列着狮子、獬豸、骆驼、象、麒麟、马6种石兽，每种2对，共12对24件，每种两跪两立，夹道迎侍，也自有一种肃穆气氛。神道是游客到了明孝陵的必去之地。

神道，从生到死的荣光

从梅花山漫步到明孝陵的神道，不过咫尺。都说梅花山葬着东吴大帝孙权，相传当时朱元璋选陵址时匠人们问，是否要把孙权墓迁走，朱元璋说孙权也是好汉，留着帮我看门吧。于是本该笔直的神道就有了弧度，破坏了帝王陵墓惯有的纲常。传说真假难辨，不想做个循规蹈矩的帝王，倒真是符合朱元璋的性格。

神道东西两侧有狮子、獬豸、骆驼、象、麒麟、马6种石兽，每一种两对，一对站着，一对跪着，肃穆又谦卑地迎接帝王的英灵。南北走向的石路是翁仲路，两旁各是文臣武将，于庄重中奉侍着帝王幽魂。

如若是秋天，道路两旁高大挺拔的枫树开始变得火红，在秋日炫目的阳光下闪闪发亮，每一片树叶都写满了风霜。恰好一阵秋风掠过，红叶簌簌而落，将青灰色的石道染成了绯红，像极了那一段段如歌的往事，让人难以忘怀。

·醉美江南·

▲ 棂星门

　　沿着神道过棂星门，再过御河桥，走进文武大门，过碑殿，便是明孝陵的主体建筑——享殿，都说这里是朱元璋和马皇后的合葬墓穴，但又说朱元璋并没有葬在这里，只有马皇后一人独葬，于是传闻入夜便时常听到马皇后阴魂思念夫君的哀号。无论如何，享殿看不到棺椁，只有史料陈列馆，里面是否葬着朱元璋无从考证，或许历史就是因为这些谜题而让人痴迷。

享殿，盗墓贼难盗

　　享殿早在战火中失去原貌，尚存的只有三层汉白玉支撑的64个大型柱础，那三间享殿建筑则是清朝同治年间重建，如今陈列着明孝陵的相关史料。

　　享殿身后的大片空地当年是露天祭祀的场所，曾经香火不断、仪式威武，皇亲国戚，就连清朝的皇帝也会来此祭拜，如今依旧是人头攒动，却都是远离了那场明清之战的历史看客，怀揣着对过去的好奇穿梭在这古老的墓地里。

　　走到空地的尽头，踏上一座石桥，人们叫它升仙桥，说帝王帝后的亡灵走过这里就位列仙班，成为高于人类的神。桥北有方城，方城有54级台阶，拾级而上出隧道可以登上明楼。站在明楼往北瞭望，是一座直径400米的圆形大土丘，便是真正意义上的墓穴。

▲ 明孝陵修复后的享殿

  墓穴下有地宫，为了保护墓穴完整，未曾挖掘过，有志向的考古学家只是利用仪器大致绘制出地宫的模样——它应该跟生人居住的宫殿一样，有主次，主殿似厅堂，次殿安置着灵柩，地宫里的金银珠宝、摆设陈列自然也都极尽奢华，有着一个帝王该有的豪华程度。

  有趣的是，地宫从明朝以来从未被盗墓贼挖掘成功过。后人猜想，明孝陵跟其他从上往下挖掘深穴的皇陵不同，它从横向而入，在内部掏空，工程浩大却固若金汤，如若没有炸药很难打开，于是许多盗墓贼无功而返。

  更何况，宝顶上有一层厚厚的鹅卵石，只要盗墓贼从上至下打洞，鹅卵石会纷纷下落填满洞口，根本不得入手。

  当然，后人也有孙殿英那样的军阀，手握重兵，又有大量的炸药火器，想炸开明孝陵不是不可以，但他再心动都不敢动手，因为这里离南京城实在是太近了，一旦轰然巨响必定惊动南京政府的蒋介石。

  就这样，600多年，不管是出于建筑机巧，还是历史机缘，明孝陵都不曾被破坏过。朱元璋的皇帝尊严一直被保护至今，即便如今已经是游人出入，也不像十三陵那样赤裸裸被人围观和揣摩。一切是机缘巧合，亦是古人的一种巧妙的安排。

Wuge Kunqu
吴歌昆曲 诉一曲衷肠，引无尽相思

江南水乡的温婉，藏于江南女子的眉间眼角，展露于江南才子的不羁潇洒，呈现于江南山水的柔美，又浅唱低吟在悠长绵软的吴歌昆曲。也是奇妙，吴歌昆曲虽然腔调悠然，词却是热情直白，情也不加掩饰，倒是生出了几分洒脱与豪迈。那中国水乡的至美情怀，就在这刚柔之间。2001年，联合国教科文组织在巴黎宣布第一批"人类口头和非物质文化遗产"代表作名单中，就有中国的昆曲艺术。2006年，吴歌也被列入第一批国家级"非遗"代表作名录。

吴歌天籁，唱响了千年的岁月，不知其何时而生，大抵不会比《诗经》更晚。本是一种民间小曲，歌词写的都是俗情，却隆重地影响了中国后世的诗歌，形成了别具一格的"吴格"，被李白、李商隐、刘禹锡等所钟爱。

昆曲婉转，百戏之王，明朝时形成气候，独领风骚几百年。长久以来，昆曲都是很多作家笔下最引人入胜、道尽人情冷暖的戏剧，说不出口的千言万语都能让笔下的戏中人唱出来，于是有了听闻戏子唱道"花落水流红，闲愁万种"便黯然泪下的林黛玉，有了为听一曲而一掷千金的风流名士杜慎卿。

衷肠难诉，幸有曲调传情。

吴歌，诵唱不尽的是人间情

李白效仿吴歌写：
长安一片月，
万户捣衣声。
秋风吹不尽，
总是玉关情。
何日平胡虏，
良人罢远征。

▲ 春暖花开时，古镇游人如织，轻舟摇曳，这时便有机会欣赏船娘一边泛舟，一边轻唱吴歌的胜景，吴歌软绵，春色如许，再诗意不过。

◀ 吴歌《五姑娘》也被演绎成音乐剧，更将吴歌文化发扬光大。

愁肠千转，柔情缠绵，即便是飘逸俊飒的李太白，一写起吴歌也情不自禁柔软了起来。实在是吴歌含蓄委婉，带着江南水土中的清丽缠绵、水乡风姿，让所有脱口而出的词句都楚楚动人。

吴歌生来自带风情，从南朝的《乐府诗集》，到明代冯梦龙所辑录的《童痴一弄·挂枝儿》和《童痴二弄·山歌》，再到近现代辑录的《吴歌甲集》《瓦釜集》《五姑娘》，都是天生的娇柔，诵唱着柔情万种。

是的，情，吴歌倾尽全部传达的都离不开一个"情"字。短歌小调，长篇叙事，或像江南的涓涓流水，吐露柔情款款；或像奔腾的江水，释放着巨大悲情；或像烟波太湖，挥洒着怜悯人间的慈悲。

《乐府诗集》中有"夜长不得眠，明月何灼灼。想闻散唤声，虚应空中诺"，是独守空房的女子思恋情人的深情，似是听到了爱人的轻声呼唤。

又写着"揽裙未结带，约眉出前窗。罗裳易飘飏，小开骂春风"，一夜欢愉的女子妩媚可爱，竟然与春风也打情骂俏，甜蜜于心头炸裂，沦陷于热恋的酣畅，不枉此生。

真情内敛，却也有奔放的时候，于是吴歌《卖盐商》中唱道："十二杯酒凑成双啊，小妹搭伲情哥郎君两个轻轻悠悠进香房，香房里向小妹姑娘顺手弯弯撩开格顶青纱帐，济手弯弯搭郎解带脱衣裳。"热辣辣的情意，让人觉得情到浓时总是这样不可克制，无须羞赧，就这样赤裸裸的表达才是最炙热的爱情。

但吴歌中最令人痴迷的情，是悲情——深沉的人文情怀和厚重的悲剧精神。听"月子弯弯照九州，几家欢乐几家愁？几家夫妇同罗帐？几家飘散到他州"，今天也能听出那800多年前的思乡哀愁；吴歌中的长篇叙事诗也尽是悲剧结尾，《五姑娘》中的五姑娘投河自尽，《张二娘》中的张二娘撞柱而亡，《赵圣关》中的赵圣关出家为僧……

吴歌多是出自民间，是百姓对自身生活的一种写照，当哀痛的事经历太多后，便把愤懑与伤悲写进了吴歌，反复诵唱，把深切的哀愁唱百年千年方能痛快。

吴歌的字句，有情有义有刚强，早已像个野心勃勃的谋略家冲出了江南一隅，融入了整个神州大地，任人观赏和追随，世世代代，永无止境。

昆曲，情不知所起，一往而深

和吴歌一样，昆曲也抒情，但它格外专一地传达一种情，便是撩动人心的爱情。从宛转悠扬的一声"呀……"开始，长笛琴声响起，那蹒跚碎步袅袅而出，水袖轻扬风致楚楚，如清风抚拨开心

▲ 在园林实景演出的昆曲演员

头含羞带臊的春潮，轻而易举就房获人心。

虽然远不如吴歌久远，但也有着600多年生命的昆曲却以其软绵细腻的演绎方式将原本只属于地方的腔调推及全国。

都说昆曲至美，似一位美人，于骨于皮都有倾城之态。

那声腔似皮，一曲三叹，"一声即勾耳朵，四句席卷全城"，又有南曲北曲之分，南曲字少腔多，节奏缓慢，是《牡丹亭》"良辰美景奈何天"的缠绵凄怆；北曲字多腔少，节奏明快，是《窦娥冤》"没来由犯王法，不提防遭刑宪，叫声屈动地惊天"的悲愤激越。

文学之美是当之无愧的美人之骨，《西厢记》《牡丹亭》《桃花扇》《长

生殿》等不仅是戏曲中的翘楚，更是文学瑰宝，看"停半晌整花钿，没揣菱花偷人半面，迤逗的彩云偏"，听"粉墙花影自重重，帘卷残荷水殿风，抱琴弹向月明中。香袅金猊动，人在蓬莱第几宫"，无一不是短短数句便描绘出一种风景，一种情绪，一种个性，生动明朗。

▲ 昆曲《牡丹亭》之《游园惊梦》片段

　　然而最美的，一定是昆曲中道不尽的情意绵绵。

　　《牡丹亭》中开篇便写着，"情不知所起，一往而深"，一语道破爱情谜团，绿叶不知何时抽出新芽，人也不知道什么时候动了爱情，虽不知缘何而来，却明明白白知道爱可以深入骨髓，不可自拔。

　　《玉簪记》的爱情则没有大风大浪，只有小小的波折，全是平淡却隽永的你情我愿，小清新式的单纯美好。

　　《长生殿》则是大悲大喜，全因爱情生在了帝王之家，即便有"在天愿作比翼鸟，在地愿为连理枝"的信誓旦旦，却也逃不过残酷的政治阴谋，最终所有爱恋化为悲伤的阴阳相隔。

　　昆曲中的爱情，不管结局是喜是悲都深刻非常，就像爱情本身所传递的能量一样，它只问过程，可以在其中粉身碎骨，可以涅槃重生，早已不问结果是否圆满。爱情之所以动人心魄，就在于奋不顾身。

旅程随行帖

昆曲

　　昆曲如今繁盛，却很少人知道它有过一段漫长的断代时期。在1949年之前，全中国没有一个职业昆剧团，几百年前的辉煌全然不见。一直到20世纪50年代，昆曲凭着一出《十五贯》红遍大江南北，当年的《人民日报》说"一出戏救活一个剧种"，从那之后全国成立了6个昆曲院团，才逐渐有了今天的规模。

Suxiu
苏绣 绣万国于一锦

丝绦万缕都是笔墨，喷洒出的是盛世美景，是心灵的祝祷，这是苏绣，是倾城倾国的绣中美冠。它从古老的吴国而来，经过爱美之人的善心经营，逐渐走到了千家万户，带着缜密针脚，带着秀美丝线，于艺术中开花结果，于文学中落地生根。苏绣哪里只是刺绣，那是一方水土的骄傲和荣耀。历经风雨浮沉，江南苏绣脱颖而出，被誉为"四大名绣之首"。2006年国务院公布了第一批国家级非物质文化遗产名录，苏绣被列入其中。

古老的苏州，家家户户养蚕绣花，苏绣从宋朝开始走向繁荣，到了清朝扬名海内外。现在的苏州，绣庄基本都开在了河边，碧树青台，雕栏花窗，侧耳听得见流水潺潺，抬眼看得见紫雾粉烟。窗边的绣娘，十指纤纤，娴静优雅地挥舞着手中的针线。

都说苏绣是属于女人的，只有女人柔软的双手和澄明的心境才能赋予苏绣绝色，那些绣娘手中有线，心中也

▶"非遗"项目传承人在中国非物质文化遗产生产性保护成果大展上现场展示苏绣传统技艺。

开着青莲，一缠一绕是莲花与莲叶的相亲相爱，天真自然，无须雕饰。内心干净，一针一线才能挥洒自如，如同作画的名师，心手相连，心里纯净如空才装得下大美河山，才能于手中将其泼墨成画。

随心而走，苏绣就是绣娘的千里江山。

针脚飞扬的情情爱爱

苏州还是春秋的吴国时，那里的人们就把刺绣做到了无与伦比的绝美程度，西汉刘向《说苑》说吴国的贵族"绣饰华丽"，大到出席公共场合的华服，小到日常陈设，都有丝线成绣。

江南山山水水赋予的灵气，在针与线的缠绕间倾吐着魅力，诗文也好，画作也罢，都能以绣娘的手让其活生生地出现在绣布上。然而绣娘做这一切并不刻意，在古老的苏州，姑娘家刺绣，没有画家扬名立万的意图，没有才子改变世界的野心，只有为自己绣一套嫁妆的羞涩的女儿心。

嫁妆必然是成套的，绣着凤穿牡丹的花衣、花裙；绣着高洁梅花、双喜字样的鞋子，喜堂用的堂幔、桌围、椅披，婚床要用的床围、喜被、枕头，洞房里用来装饰的象征子孙万代生生不息的挂件……每一件都必须出自新娘之手。

于是苏州的姑娘，从懂事起便以柔软的双手穿针引线学习刺绣，按照习俗，日积月累的习作要在婚礼后送给自己的公婆、叔姑姐弟。送女眷的多是绣花鞋、粉盒、镜套，送男亲的多是扇袋、香囊、褡裢。

苏绣就这样诞生在浓浓的爱意里，再跳入寻常生活的各个细节，为夫君绣荷包、香囊，为二人世界绣些装饰，哪怕是一块小小的手帕，都把女儿家柔软的心思绣在上面。

从一开始就裹挟于爱情的狂风暴雨里，随即在生活的涓涓细流里慢慢琢磨，苏绣有的不仅是姣好的外貌，还有生活的智慧与情趣，一针一线都带着诚恳的希望，希望花好月圆人常在，希望母慈子孝合家欢。

▶ **苏绣作品**
传统技艺苏绣的一针一线都传递着美好的祝福。

从闺阁里探出头去

苏绣带着天然的苏州女儿家的温婉，自然就有一种天生的江南风流气度，成品华美，仅仅是在闺阁里流转未免可惜，所以到了明朝，商品经济得到了一定程度的发展，苏绣的光彩便溢出闺阁，走向了市场。

就像养在深闺无人知的婷婷少女，在苏绣推开闺门的那一刻便惊艳了世俗，人们这才知道，原来刺绣之美如同世上的美人般不拘一格，《红楼梦》中说到苏绣：

"原来绣这璎珞的也是个姑苏女子，名唤慧娘。凡这屏上所绣的花卉，皆仿的是唐、宋、元、明各名家的折枝花卉。故其格式配色皆从雅，本来非一味浓艳匠工可比；每一枝花侧皆用古人题此花之旧句，或诗词歌赋不一，皆用黑绒绣出草字来，且字迹勾踢、转折、轻重、连断皆与笔草无异……"

这种写实且兼具意境的美很难不惊世骇俗，谁曾想到文人墨客笔下的山水花鸟，一切美好都能藏在苏绣的"平、齐、和、光、顺、匀"的工艺里。

于是在很短的时间内，苏绣便拥有了一大批忠实的追随者。这些追随者不乏达官贵人，更多是读书人，每每有新的苏绣绣品问世，他们便组织大规模的观摩会，鼎盛时期，观摩团多达万人，大家先是细细观赏，然后赋以诗文咏诵。场面盛大，不亚于任何一场诗文大会。如果追随和拥护的是不同的绣师，文人墨客还会分门别派，以文互斗，笔墨冲天，才华飞扬，狂热程度可以媲美今天对偶像的追崇。

美，原来也是一种生产力。

价格不菲的美丽

既然是生产力，最好就是经营。明朝中叶苏州有了中央政府特设的织染局，专门经营苏绣；清朝有了江南绣市，苏绣里顶级的绣娘竞技，绣品只有更美，没有最美。风穿柳岸，吹皱了湖水，却轻轻地吹开了苏绣的春天。当年苏州的老城里，绣庄林立，绣工数万人，她们拉扯着手中的丝线，让多少追崇者牵肠挂肚，也轻轻地握住了江南的经济命脉。

明清时的苏绣绣庄，无一不是堆金积玉的财阀在经营，因为从底料到花线都价格不菲，而且苏绣纹样定时就要推新，一定要走在时尚前沿，这些没有雄

▲ 正在刺绣的绣工

▲ 绣架上这幅巨幅苏绣作品是苏绣大师邹英姿复刻的《凉州瑞像图》，原刺绣约绣于初唐时期，原藏于敦煌莫高窟藏经洞中。

厚财力不可能实现。当时有名的徽商——新安商帮看中苏绣市场，带着巨量的资金进入苏州的大小绣庄，以件取酬，成品则通过他们庞大的销售网络销往五湖四海，甚至是海外的宫廷。

  虽然在战火连天的年代，苏绣有过一段时间的沉寂，但在20世纪80年代，苏绣重新崛起，在苏州镇湖聚集了十万绣娘，巧手穿线，把一腔对美好生活的愿景与热爱倾泻而出，都赋在面前的织锦上，成为苏绣的灵魂。如今一幅上等苏绣作品，拍卖成交价可达百万。

  岁月流转，人难免生出迟暮之感，而苏绣却在岁月洗礼中历久弥新。时光于美而言，只有不断攀升的珍贵，管那兵燹战祸，管那时代变换，苏绣始终扮演着文明的守望者，守望人类对于美好的最原始的爱慕和尊崇。

旅程随行帖

苏绣

  去苏州逛一圈会发现苏绣有好有坏，很难买到价格平实又绣工卓异的作品。其实要买苏绣，最好的地方是苏州西面40多公里处太湖边的镇湖，那里有著名的苏绣一条街，基本是正宗的苏绣。但是如今的苏绣有机绣，有绣娘绣，机绣自然便宜一些，100～500元可买到一件普通纪念品，中档价位1000～3000元。机绣使用的是苏绣的针法，如果是买来做纪念，买一件机绣绣品也足够了。如果想买绣娘的绣品，价格上不封顶，比较昂贵。

Yangzhouyudiao
扬州玉雕 良师巧匠的艺术之美

良玉假雕琢，好诗费吟哦。美玉之美，就藏在匠人们日日夜夜的雕琢之中。雕琢之法，天下扬州。扬州的玉雕是玉文化长河中久负盛名的工法，自是千年磨砺，温润有方，一笔笔一刀刀都在为玉璞赋予筋骨，成就耀眼的美物。扬州玉雕作为扬州传统民间雕刻艺术之一，是中国玉雕工艺的一大流派。2006年，扬州玉雕经国务院批准列入第一批国家级非物质文化遗产名录。

作家霍达写道："现在，玉碗捧在了他的手里，滑腻的玉质摩挲着他那粗糙的手指，一阵清凉沁入他的手掌，传遍他的全身，像触到了远离凡尘的星星、月亮。他在人间走了很久很久，好像就是为了这一个美妙的瞬间，他感到了从未体味过的满足、兴奋和欢乐，仿佛他手中捧着的不是一只玉碗，而是天外飞来的精灵，和他的心相通了。他陶醉了，麻木了，把身边的一切，把他自己都忘记了，被玉魔摄住了魂魄……"

中国人对玉雕的痴迷与眷恋，赤裸而张扬，它起始于几千年前遥远的文明，浸润在无边无际的玉文化的长河之中，追随中国人的每一次繁衍生息，如刻在骨子里的基因，一步步传承到了今天。而扬州玉雕之美，又冠绝全国。

扬州玉雕名扬天下，却并不产玉

扬州的街道，蜿蜒绵长，纵横交错，有风缓缓而来，从来温润，如一条条不那么华美的项链系在了扬州的颈上，而那毗邻相连的玉器商店，就是项链上

▲ "非遗"扬州玉雕传承人正在进行玉雕作品创作

▲ **扬州玉雕作品《螳螂白菜》**

《螳螂白菜》这一玉雕作品采用凌空镂雕方法，雕刻精细，白菜上有两只螳螂似动非动，惟妙惟肖，充分体现了"扬州工"的细腻精致。这还是世界最大的玉雕白菜，获第五届工艺美术博览会特等奖。

的坠饰，一笔点睛，温柔了所有平凡。

说来有趣，扬州的玉雕名满天下，扬州的玉器店几步一家，这里却一块玉石都不产，古往今来都仰仗着便利的交通而成为玉石雕刻的中坚力量。这里汇集了来自新疆的白玉、青玉、碧玉，来自江苏的水晶，来自辽宁的岫玉、玛瑙、黄玉，来自湖北的绿苗、松耳石，广东的南方玉，还有远渡重洋来自海外的巴西玉石、缅甸翡翠、阿富汗的青金、加拿大的碧玉、日本的珊瑚……

远道而来的每一块玉都带着天生的形态、大小与色泽，有的天生一副俏面孔，珠圆玉润的可爱模样，瞬间便赋予玉雕师灵感，比如一块俏皮的三彩玉，红白相间，看上去便觉得清爽，玉雕师巧手琢磨，雕出了一串可口的荔枝，红色为衣，白色为裸露的果肉，通透明洁，一眼看去垂涎欲滴；有的玉石敦厚朴实，没有长成特别的模样，只能靠玉雕师细细品咂，构思一个适合的玉器造型。

不管怎样，玉雕师的雕刻少则数十天，多则十几年，注定雕玉是一场漫长又孤独的时光之旅。

千年蔓延,开出繁盛的花

扬州玉雕师的一双巧手,可以将顽石推磨出灵魂,这是几千年前便留下的妙手生花。早在新石器时代后期,扬州地域内就出现了大量的玉器,像是玉璧、玉琮,形状虽然并不华丽,却也显示了祖先们对玉石的雕琢渴望。

到了汉代,扬州玉器已经有了各种优美的形态,就像西汉的"白玉蝉",以珍稀的和阗玉雕成,透明莹润,纯洁无瑕,线条挺拔有力,纹路清晰,仿似看得到当年的匠人在雕琢时的每一刀都干练果决,不拖泥带水,同时又充满了渴望,希望这块玉蝉含在逝者的嘴里,那清高绝俗的灵魂能死而复生。

唐朝时期,盛世风雅都凝聚在扬州玉雕的方寸之间,上有贵族豪门的雕栏玉砌,下有黎民百姓的玉佩装饰,满是温润的涵养,皆是高贵的品格,大唐之美,于细微处闪烁着光芒。推延至宋、元、明,扬州玉雕成为艺术品,玉被匠人以精湛的手法刻为花鸟炉瓶,高高在上。

然而扬州玉雕最风光的时代并非如此,清朝中叶乾隆年间,才是极致。那位不管功绩还是物件都喜欢大的皇帝,对扬州的玉雕十分痴迷,他命人搜罗了大型的玉石送到扬州,打造了千斤万斤的十座玉山,统统摆在了宫里。扬州雕刻师们对大型玉器的雕刻,就此翻开了繁盛的一页。

一夜之间,狂浪的大器之风吹遍了整个扬州城,雕刻师们争相把文人墨客

▶ **玉雕《大禹治水图》**
《大禹治水图》玉雕,为清朝乾隆年间文物,高224厘米,宽96厘米,座高60厘米,重5000千克,故宫博物院珍宝馆藏,玉石产自新疆和田,为扬州工匠雕刻,人物形象生动,表情动作细微可感,其高超的工艺代表了当时的最高水平。

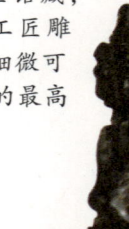

的书画雕琢在玉石上，以镂雕凸显层次，将绘画中的透视效果搬到了玉石上，深深浅浅，大大小小，远远近近，用刀笔雕出了整个意境。清朝著名的《大禹治水图》玉山，便在这样的环境中诞生了。这件稀世珍宝逾万斤，以来自新疆的青白玉为材料，高224厘米，用多种雕刻手法，动用了包括玉雕师在内的15万个玉工，花了6年雕琢而成，共耗白银1.5万余两，终于将大禹治水的故事生动地呈现在玉石上。

扬州工法，举世无双

岁月潺潺而去，流向几千年的扬州城，滋润每一个玉雕匠人的心扉。是古老的情怀，也是执拗的热爱，更是扬州雕刻师们日臻完善的匠人之心。一件《大禹治水图》玉山足以将扬州工法推向巅峰，可匠人们却不断钻研，将阴线刻、深浅浮雕、立体圆雕、镂空雕等多种技法融为一体，创造了扬州玉雕独有的"浑厚、圆润、儒雅、灵秀、精巧"的气质。

同时在玉雕题材上也不断创新，将生活中所见的风物都装进了玉刀，于每个斗志昂扬的日子里倾泻而出，成就了一件件巧夺天工的作品——是笼络了整个春天的"满园春色"玉屏风，是扬州人整日路过的五亭桥、白塔、文昌阁、四望亭，是江都水利枢纽工程，是名胜中的长江大桥，是仿照大运河畔的文峰塔设计而成的黄玉宝塔……

举目望去的遥遥星河，低头掠过的滚滚河流，似乎目之所及都可以变成扬州玉雕师手下的一件作品，流芳百世。

以刀为笔，雕刻千古风流，泼辣生动，气韵浩荡，又可以简洁娟秀，潇洒脱俗，扬州工法的举世无双，将是千年万年。

旅程随行帖

扬州玉工

扬州玉工名满天下，但扬州的玉器行当也有好有坏，不懂玉的人常常失手，要么高价买了平价玉，要么买了以次充好的物件。如果想确保是真货，可以到扬州玉器厂，这里是国企老字号，价格有高有低，质量有保障。

Shuixiang Shexi
水乡社戏　水乡舞台上的人间模样

　　最惹眼的是屹立在庄外临河的空地上的一座戏台，模糊在远处的月夜中，和空间几乎分不出界限，我疑心画上见过的仙境，就在这里出现了。这时船走得更快，不多时，在台上显出人物来，红红绿绿的动，近台的河里一望乌黑的是看戏的人家的船篷。

——鲁迅《社戏》

　　两边是散发着幽幽清香的豆麦水草，水中是山影月色，耳边传来依稀的歌声，不远处是点点渔火，水乡的夜色就这样闲适地驱散了人生的诸多烦恼，成为鲁迅未来漫长孤寂中的一抹温暖，而那出上演在水中舞台上的社戏，就是他凄冷人生中真实的安慰。

　　即便不是鲁迅，没有身处乱世，烦恼比不上家国情仇，也足以折磨现世本该安稳静好的心。我们心中都该有一出社戏，藏着我们美好的过往，安安静静居于心中一隅，以后每每遭遇烦恼，也好调动那点美好，来成为最温柔的武装。

▲ 夜色中的水上舞台

夜幕降临，清风拂面，乌篷船里的人们此时早已忘记了白天的辛劳，在一出社戏中安放着自己的心灵。

社戏，孤独心灵的安慰

"太平处处是优场，社日儿童喜欲狂"，南宋熙攘的绍兴水乡，到了春天祭社的时候，春日暖阳，风徐雨润，人声鼎沸，儿童忙奔走，伶人巧梳妆。万人空巷，都为了去看一场社戏。比宋更早一些时，社戏不仅仅是唱大戏，还有武术、杂技等表演，人们把能想到的表达对丰收的渴求的方法，都虔诚而喧闹地上演了一遍。

元明时代，戏曲繁荣，经济发展，社戏就已成为一种文化体验，隆重地出现在民间生活中。于是每逢春秋两季的祭祀，大小节日，迎神赛会，高远湛蓝的天空，便笼罩着人间五彩欢腾的面孔——戏台上的伶人已是梨园行当的角儿，唱念做打都因专业而充满美感，台下的观众拿着院本，字字句句对照，《陶庵梦忆》中描写道，角儿们哪怕唱漏了一个字，观众们便会"群起噪之"，角儿们不得不"开场重做"。观众的审美要求，已不是从前仅供娱乐而已。

清代到民国，绍兴的社戏换成了乱弹，这种新兴的地方曲种更接地气，更有当地民生的人情味，于是从第一天开锣上演便唱到了今天。

戏台高筑，伶人脸上涂满了油彩，遮住了原本的模样，便是另一种身份在与世人对话。观众倾注全部精神，聆听戏里的每一种悲欢离合。人生如戏，台上的故事也在台下悄然发生。社戏的热闹，也在台下人与人之间的碰撞中，甚至碰出了爱情的火花。

胡适年少时跟随母亲去姑婆家看社戏，偶遇了江冬秀和她的母亲。倒不是两颗少年的心一见钟情，而是江母一眼看中了眉清目秀的胡适，希望他能当自己的乘龙快婿。一桩姻缘，就在江母和胡母的协商下达成了一致。胡适抗争，他希望的是婚姻自由，但胡母悲伤欲绝地恳求，胡适也只能遵从。

戏折子上写，包办的婚姻多半是悲剧收场，可胡适的婚姻却意外得到了爱情。胡适总是让着江冬秀，外面人说他惧内，他便坦然承认，还提出了新的"三从四得"："太太出门要随从，太太指令要遵从，太太说错了要盲从；太太化妆要等得，太太生日要记得，太太打骂要忍得，太太花钱要舍得。"张爱玲说，胡适和太太厮守终身，惧内不过是玩笑，但这个"惧"却是由爱而发。

一场社戏，就这样安慰了一种孤独。

戏台搭在哪里，哪里便是风光

孤独，人类的天敌。就像要躲避猎鹰的追逐，兔子们练就了发达的腿部肌肉一样，人类为了躲避孤独，也把社戏的喧闹发挥到了极致。社戏一唱就是三五天，白天是"彩头戏""突头戏"，是序幕，傍晚是"正本戏"，就是俗称的"大戏"。

大戏拉开，才是人群最集中的时候，大家忙完了一天的活计，在悠闲的傍晚去戏台前抢个位置，消弭一天的疲劳。大戏一般是家庭戏和历史戏，中间也会穿插一些小戏，流程比较固定，但这并不妨碍观众热情的高涨。

社戏的戏台也是有讲究的。

鲁迅笔下的社戏是水台，用木桩子撑起的台面，沿着河畔而建，前台在水里，后台在岸上，完全符合水乡的特点。到了傍晚，人们撑着乌篷船沿水而上，掠过清凉的河水，在沉闷的夜色中划开一道涟漪，清远的梨园之声不绝于耳。

除了水乡，其他地方多是庙台、祠堂台、街台。庙台以砖石木料为主，建在大殿和神像的对面，唱的不仅是戏，更是对神明的敬畏与仰仗。祠堂台设在祠堂内，为的是祭祖。街台在城镇中最繁华的街道，能最大程度地吸引观众。

也有时社戏规模大，庙宇、祠堂、街道都不够宽阔，戏班便找一处旷野或

▲ 曾在中国艺术节上演的"水乡社戏"之《大唐贵妃》

广场，用芦苇做顶棚，零碎的木板做舞台，毛竹做台架，就这样临时搭建一个大戏台，人们习惯叫它是"草台戏"。或许是临时搭建，总是给人感觉不够隆重，于是后人常拿"草台班子"来揶揄一些不入流的戏团。但对于百姓而言，看戏或许是一种审美情趣，但更多的是安抚长久以来劳作紧绷的神经。

时光一个转身就是千百年，依旧有数以万计的观众喜爱社戏，即便是影视发达，观众还是保留了对古老艺术的追求。只因遥远的时光深处，我们的父辈、父辈的父辈，都曾是社戏唱起来时在台下奔忙的小小儿童，这种从骨子里沉湎的童年欢愉，才是一出戏从古唱到今的情感基础。

旅程随行帖

绍兴水乡社戏

绍兴水乡社戏到现在依旧在举办，每年不同时段会在绍兴市柯岩风景区戏台、鲁迅故里戏台、钟堰庙戏台、马太守庙戏台等多个戏台演出。如果想观赏，最好在去之前查好相关讯息。

专题

令人流连的江南小吃

　　江南之美不仅在四季分明的气候，底蕴深厚的文化和丰富的物产，还有它独特的味觉体验。苏杭地区向来是鱼米之乡、富庶之地，江南地区独特的饮食文化也就此形成。融合了南北饮食习惯，结合了农桑节令、年节喜庆、历史事件、名人轶事和民间传统，创造出了诸多脍炙人口的江南名吃，被称之为"南食"，历来以清新素雅的风格和良好的口味为人所称道。知味下马，闻香停车，秀丽的风光和味觉的天堂相融合，才是江南最让人留恋的时刻。

知味观：江南馄饨、猫耳朵

◀ 猫耳朵

　　早在20世纪，杭州知味观就已经在江南地区名声大振了。这座久负盛名的小吃店创立于1913年，以独树一帜的风味点心吸引了无数慕名而来的食客，是杭州最著名的百年老店之一。创始人孙翼斋从《礼记·中庸》之中"人莫不饮食也，鲜能知味也"得到了灵感，挥毫写下了"欲知我味，观料便知"八个大字，从而让这家店得名。知味观的馄饨造型挺括，肉鲜皮薄，汤清料丰，尤其讲究配料的"红黄绿玉黑"，也就是红色的虾子、黄色的蛋丝、绿色的葱花、玉色的开洋、黑色的紫菜。一碗馄饨色彩缤纷，鲜香扑鼻，令人食欲大开，一直流传至今，成为江南馄饨配料的准则与经典。

　　提起知味观的传统名点代表作，那就非"猫耳朵"莫属了。用白面粉制成精巧的猫耳形状面瓣，配上鸡丁、火腿片、干贝、香菇、笋片等佐料，入锅烹煮。装入碗中之后，鸡丁如同琥珀，火腿好像玛瑙，与白玉似的猫耳朵相映成趣，滋味鲜美，极受欢迎。据说当年乾隆下江南，在游船上突感风寒，胃口不佳，侍从就找船家买来一碗面片汤。乾隆一口气吃了个碗底朝天，好奇这汤叫什么，船家的小孙女一时答不上来，忽然看到小花猫灵活的小耳朵，便调皮地说那汤叫作猫耳朵。乾隆

江南馄饨

听了觉得有趣，就赏给她一对碧玉麒麟。数年之后，船家姑娘嫁到了点心铺，便将当年制作猫耳朵的趣事讲给丈夫听，她的丈夫受到启发，打造了这个流传至今的江南小吃。

除了江南馄饨与猫耳朵等名吃，知味观还有许多闻名遐迩的名小吃，一开始仅有诸如小汤团、鲜肉汤团、百果汤团等汤团，后来又增加了肉馄饨、鸡肉大馄饨、虾仁大馄饨，现在发展到供应各式烧卖、汤包、炒面、油包、蟹壳黄、春卷、酥油饼等，五花八门，每一道都是十足的江南味道。

奎元馆：片儿川、虾爆鳝面

江南名吃不仅有各种点心，面类也是其中一个极大的分支。奎元馆就是享誉百年的江南面王，它曾经接待了无数的名人，金庸和夫人每年必点虾爆鳝面和该店最为经典的片儿川。如今这两样已经是杭州百姓的经典面条了。

▲ 片儿川

奎元馆创办于清同治六年（1867），创办人是一个安徽人。其后，该店虽然几易其主，但经营面条的传统始终未变。梅兰芳、盖叫天、周璇、石辉等文艺界知名人士都曾经是奎元馆的座上嘉宾。1945年，蔡廷锴将军曾经和李济深先生来奎元馆吃黄鱼面，兴尽之余当场挥毫"东南独创"四个大字。

奎元馆经营的面食种类多达百余种，最负盛名的要数片儿川和虾爆鳝面。片儿川选用的都是无锡头号面粉，专人制作，手工擀面，还要垫上一根碗口粗、9尺长的竹杠，人工坐研半个小时，每30斤面粉打成8尺宽、7尺长的面皮，切成3分长左右的面条。这种"坐面"烧而不糊，韧而滑口，吃起来有"筋骨"。而且片儿川的配料相传源自宋朝诗人苏东坡在杭州做官时的名句"无肉令人瘦，无竹令人俗"，以新鲜火腿肉、时鲜竹笋、绿嫩雪菜为原料，经过精心烹制，只见肉红、笋白、菜绿，色泽分明，引人流连。

另一道名菜虾爆鳝面流传至今已有百余年历史，它的搭配也有一段传说。据说同治年间，钱塘一带盛产鳝鱼，淡水河虾却很名贵，为了推销鳝面，所以用河虾配，吸引了不少人。一碗虾爆鳝面，鳝片黄亮香脆，虾仁玉白鲜美，面条柔韧滑口，汁浓气香，风味独特，色香味堪称上乘。

吴山酥油饼

吴山酥油饼是从安徽寿县一代的栗子面酥油饼演变而来的江南名吃，又叫作"大救驾"或"蓑衣饼"。它是用油面叠酥制成，色泽金黄，层酥叠起，上尖下圆，形似金山，覆以细细的绵白糖，脆而不碎，油而不腻，香甜味美，入口即酥。

▲ 吴山酥油饼

▲ 葱包桧儿

葱包桧儿

葱包桧儿做法简单，春饼裹上油条和葱段，左右一拢，放在平底锅用压板压出多余的空气水分，葱段爆出香味，面皮微微焦黄，趁热取出涂上酱就可以。这种小吃之所以备受欢迎，是因为它的"桧"指的是秦桧，是秦桧父子以"莫须有"罪名害死名将岳飞之后，风波亭附近的小吃摊主愤而制作的，百姓会意，这种小吃自然也就闻名遐迩了。

定胜糕

定胜糕是一种用小瓷钵蒸出来的糕，粉红色，味道香糯，甜而不腻，吃到嘴里都是暖暖的浪漫味道，这是因为它里面的馅儿是由豆沙制成的。这种色泽浪漫的小点心原本是北宋的百姓为杨家将出征送行而制作的赠礼，所以取名为"定胜"，寄托心意。到了南宋，岳飞抗敌，百姓又重操手艺，用小钵蒸糕，为岳家军助威。定胜糕的外层是精制的香米和糯米粉，米粉细腻均匀，里面是豆沙馅儿，中间有少量的白糖和桂花，粉红的颜色象征着将士们胜利归来，寓意美好，口味独特，深得人们喜爱。

▲ 定胜糕

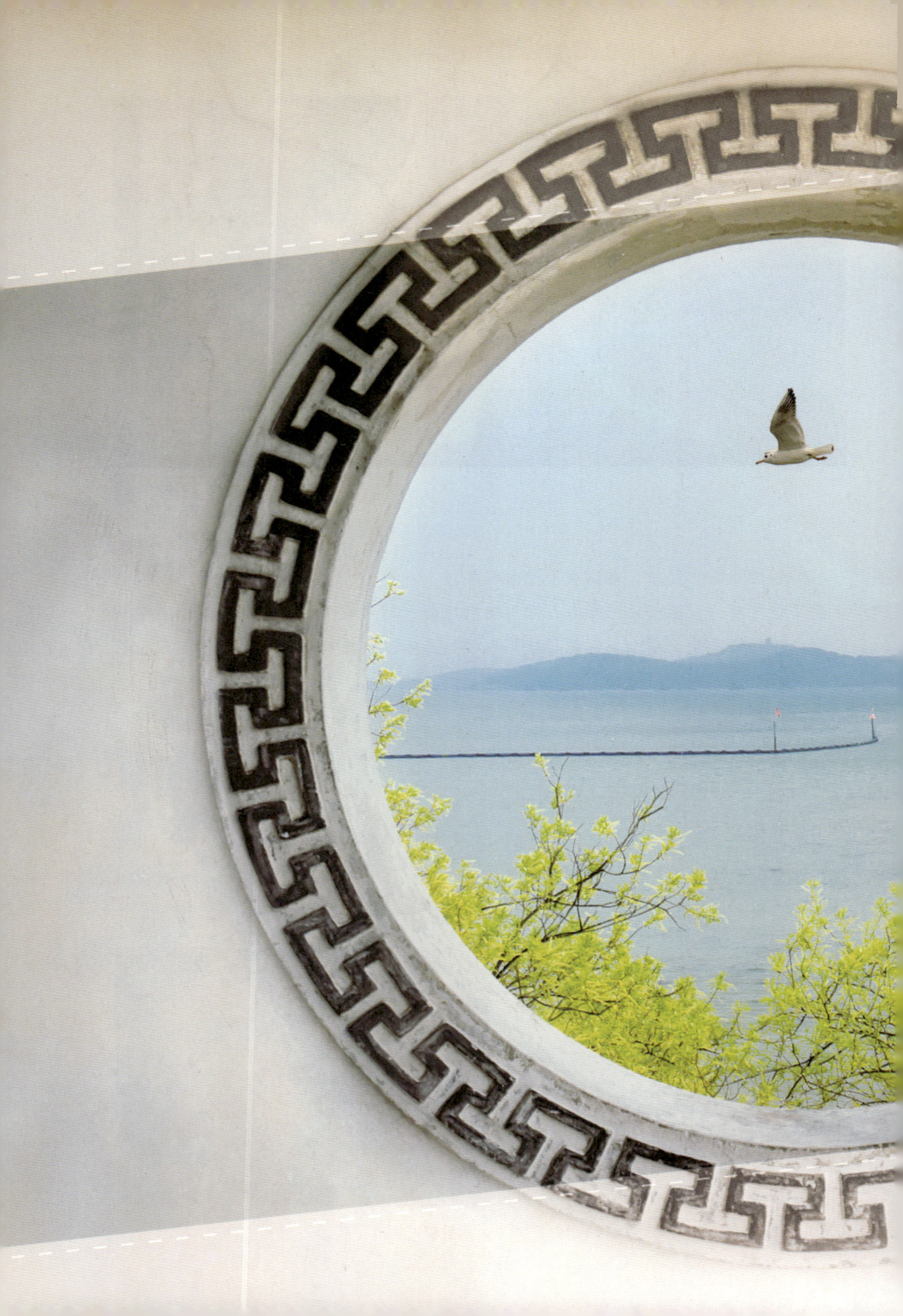

Chapter 5

青山流水断桥在，
风景旧曾谙

▲ 庐山含鄱口

庐山 千古文化名山
Lushan

　　传说商朝时，有位叫匡俗的先生在此结庐隐居，得道后羽化成仙，他所居之庐幻化成山，因此这座山被称为"庐山"或"匡庐山"。庐山自古便以雄、奇、险、秀闻名于世，巍峨挺拔的峰峦、泻玉喷雪的飞瀑、瞬息万变的云海造就了"匡庐奇秀甲天下"。

　　庐山拥有绝世美景，这是世人所共知的。它挺立于长江的南岸，位于鄱阳湖之畔，上接冥冥苍天，下临九派山河，不论是晴天还是雨天，不论是冬季还是夏季，在重峦叠嶂之中，总是缭绕着磅礴的云雾，山水的气魄全部包含其中。庐山其身，海拔1474米，由成千上万的叠砂页岩构成，忽然在中部断裂，仿佛一道坚固的城垒，四壁陡峭而艰险，绝壁处瀑布飞泻，异常壮观。而在这奇石地域之中，却又植被茂盛，冬有温泉，夏有凉意，宛如一处神仙居所。

不只如此，庐山更是一座聚集着中国文化的名山，季羡林先生曾感叹其是一座"人文圣山"。从三皇五帝时期的大禹登庐山开始，历代到庐山探索攀登的文人墨客、名士高僧数不胜数。所谓"名山发佳兴"，在那漫漫的历史长河当中，关于庐山的诗词书画无数无量，关于庐山的传说也广为传诵。除此之外，庐山的白鹿书院以它对"程朱理学"的文化传承，影响了中国近700年的历史；庐山的东林寺，乃是佛教"净土宗"的最早发源地……而其他宗教如基督教、天主教、伊斯兰教等外来宗教，都选择在此处建堂筑寺，形成了"一山五教"的鼎立局面。与此同步的，庐山的石刻、建筑更是多得数不胜数。

西线：探寻历史的痕迹

进入庐山景区，沿着大林路一直步行，经过冰桌巨石——飞来石之后，很快便会到达花径。相传花径是白居易到庐山游览时，有感于山下桃花已谢，而山上桃花仍然盛开，于是题咏《大林寺桃花》的地方，所以花径又被称为"白司马花径"。

穿过花径、锦绣谷向南，便是庐山的必游地之一仙人洞了。在佛手岩的遮盖下，一个巨洞敞开着，传说八仙中的吕洞宾便是在此地成仙。天晴之时，其实仙人洞并无什么奇异之处，怪就怪在阴雨密布、云雾缭绕之时，洞中仿佛立即有了"仙气"，竟会

◀庐山锦绣谷

有丝丝寒凉之感。怪不得毛泽东会咏叹说："天生一个仙人洞，无限风光在险峰。"使得庐山仙人洞人人皆知。

　　仙人洞向南，穿过电站大坝前往乌龙潭，经过黄龙寺，沿着芦林大桥边的小路穿行，便会感受到庐山的古木之美。这是一条静谧的小路，行走在其内，仿佛周围除了古树再无其他，阳光只能透过密布的树叶缝隙隐隐渗透，如同置身于原始森林中一般，而不必担忧野兽的困扰。再往前不久，便到达西线最美的芦林湖了。群山环抱的芦林湖，天生一副娇艳的面孔，曾经是芦苇丛生、野兽出没的洼地，如今已经被改建为人工湖，成为卢林桥边最美的景致，它所积蓄的湖水，是庐山牯岭镇居民的饮用水来源。

　　西线的最后一处"美庐"别墅，背依大月山，正临长冲河，是1934年英国巴莉女士送给宋美龄的礼物，因蒋介石的喜爱，特别命名为"美庐"。美庐是庐山特有的一处景观，其内还原了当年的物品摆设，见证着二战时期风云变幻，在庐山的烟云当中，展现着它神秘面庞，令中外的游客慕名而来。

东线：不识庐山真面目

　　沿着庐山植物园后的沥青路一直走，便会到达含鄱口。站在含鄱亭上，能够看到五老峰和汉阳峰，天气晴朗之时，更能够望到远方的鄱阳湖。含鄱口

▲ 庐山龙首崖　　▲ 庐山芦林湖

▲ 庐山松

在平时并没有什么出奇之处，然而在清晨日出与黄昏日落之时，这里却是庐山观日的绝佳之地。清晨之时，鄱阳湖上呈现出一派迷蒙气象，天水不分，渐渐地，一轮火红的鲜日喷涌而出，照射在鄱阳湖湖面，顿时金光闪闪，道道射向天空，一瞬间，天、湖都变得赤色如丹，将半壁江山染成了鲜艳的赤红色。与此同时，五老峰等山，也尽染了丹墨，几者共成一色，宛如一幅美妙而壮丽的画卷。日落之时是另一种美的享受，西方山峰之间，云雾迷茫，落日颤颤巍巍地向下掉，一幅雄伟壮观的山色图便被浓妆艳抹起来，苍茫之间，给人留下一幅绝笔图。庐山的日出日落，永远是那么迷人，让人感受到大自然的出神入化，每次都会有震撼的感觉，每次都让人期待无比。

含鄱口正西，是庐山五老峰，五老峰的美，蕴含着庐山的真谛，甚至比庐山最高峰汉阳峰更为美妙，这一切都得益于它巧妙的结构和地理位置。五老峰为五个并列的山峰，因仰望仿佛五位老者而得名，海拔1436米，根部与鄱阳湖相连。鄱阳湖的水雾自东而来，遇到五老峰的阻隔，向上蒸腾，想要漫过山峰而过，却停留在山脊之中。人走在五老峰的山脊之处，就会感到如在云中行走，漫步云端，水汽若隐若现，举目四顾，恍然如梦。云雾中的山峰，秀美而显得神秘

▲ 庐山三叠泉

万分，令人生出畅游仙境之感。宋代苏轼大概正是因为这令人惊叹的云雾，才感叹"不识庐山真面目，只缘身在此山中"吧。漫步山道，云雾随手可触，姿态万千，或分散成小雪团，或变作棉花状，似乎一不小心，就要腾云驾雾般飞下山去。无怪乎诗人余邵说："庐山云雾景观奇，变幻无常千万姿。"

五老峰北部偏东，便是庐山最著名的景点三叠泉了。瀑水经过山间的三级峭壁，分三层飞泻而下，所以被称为三叠泉。三叠泉的落差共有155米，壮观之至，动人心弦，正是"上级如飘雪拖练，中级如碎玉摧冰，下级如玉龙走潭"。人们常见的飞瀑，不过只是一叠而已，如今三叠，胜上加胜。然而这样的景象，却隐藏在深山之中，令人难以发现，就算是曾在此处逗留许久的李白、朱熹等人都未能发现它，直到南宋时期才被揭开那羞涩的面纱，呈现在人们眼前。正因如此，人们才说"匡庐瀑布，首推三叠"，又有"不到三叠泉，不算'庐山客'"的说法。每到暮春、初夏多雨的时节，三叠泉更是如狂怒的暴龙一般，凌空而下，惊天动地，令人叹为观止。

▲ 雪覆含鄱口

雪中才见真庐山

  庐山自古便有"匡庐奇秀甲天下"的美称，庐山的奇秀，不仅在于云雾缭绕的五老峰、飞瀑溅射的三叠泉，还有那冬日的雪中庐山。

  人人都只道庐山的春夏秋，却不常提及庐山的冬韵之美。在初冬之际，瑞雪骤停，踏上这白茫茫的高山，便会真正感受到那如梦幻般的美景。冬日的庐山，不论是清晨还是傍晚，不论是正午还是夜晚，无不让人感到清新与美妙，纵使行进在山脚，即使一个在平日普通至极的景物，都会展现出它玉锁冰封的另一番面容来。当然，冬日赏庐山，更不可少了温泉的陪伴，庐山南景区的星子县温泉正等着你呢！

  千古庐山，就是这样任性而骄傲。游庐山，不仅可以饱览庐山的无限风光，更能够在那里找寻到中国传统文化的精华。庐山的美景，赋予了庐山绝世的外表；庐山的文化，令庐山拥有了不朽的灵魂。

▲ 水上帆船

Dongxi Dongtingshan
东西洞庭山 最后的水上江南

  太湖烟波浩渺，氤氲着千百年不散的情愁，而东西洞庭山岛就是这烟波之中最隽永的两首诗，在最后的水上江南，吟咏着曾经的美好。东西两岛是江南的腹地，东接苏州，北望无锡，南临湖州，如果江南是一幅水墨画，那么它们必定是在画中心的"C位"，闪耀着明媚的光辉。

海上仙山

  这里本应该是繁华绮丽的，但是因为太湖的一水相隔，却又自成一统，任凭岁月流逝，默默静守着江南的温婉灵秀。

  东西洞庭山岛并不是由来如此的，在19世纪之前，太湖的湖面上一望无际，洞庭山岛犹如海外仙山。后来因为湖面不断被淤塞，所以才让东洞庭山开始和陆地产生了联系，成为一个半岛。而到了20世纪90年代，随着太湖大桥的竣工，西洞庭山岛也和苏州建立了联系，从前的摆渡扁舟从此进入了历史的卷页之中，洞庭山岛也和人们走得更近了一些。

虽然从前的海上仙山来到了眼前，但并不是所有人都了解洞庭山岛之美。随着影视行业的发展，镜头将这座仙岛之美展示在了更多人的眼前，烟波、渔港、古巷、深宅，每一处都是江南最旖旎的风光，自然也就惊艳了世人的目光，原来最被称颂的江南印象都在这里徜徉。

曾经有人说过，东西洞庭山岛是最后的水上江南，也是隐藏了最多惊喜的江南。这句话是有其道理的，因为就算人们看过了它的美，也不是所有人都能回味出它的意蕴。江南名茶碧螺春在这里氤氲着最初的芳香，从茶树的尖稍到人们的茶杯，再到鼻尖齿颊，它既芬芳过帝王，也让平常百姓沉醉。江南之美恰如这一杯茶，既可以高雅无匹，也可以深入百姓屋檐，淳朴本真，而又卓然不凡。

江南味道

来到东西洞庭山岛之上，人们就不得不尝一口这里香飘百里的橘子了。2000多年前的《尚书》就记载过洞庭山产橘，并且还是朝廷最早的贡品。既然有此声名，也就难怪人们推测洞庭山上的橘子树是中国所有橘子树的始祖了。因为满山遍野的橘子树，不仅让东、西岛上果香飘飞，更让这里的人们得以生存。以种橘为生的洞庭果农在这里度过了一个又一个春夏，将一船又一船的橘子沿着太湖送往南北，让无数的人都享用到这天地的赐予。不仅如此，岛上的果农还别出心裁，用洞庭橘子制作出了很多风味独特的小吃，蟹酿橘、洞庭汤等名吃都是用橘子和当地独有的土产做成的，自然也就成了江南所独有的味道。如果你觉得江南的样子还很模糊，那么这一份独特的江南味道一定能让你将它的精致和细腻深藏于心。

▶ 东西洞庭湖水面上或嬉戏或飞翔的水鸟

江南多水，而水上船只帆影自然就是它最迷人又独到的景致了。东西洞庭山岛的帆船在江南水域之中堪称独一无二，当地的帆船和其他地方不同，多分为三桅、五桅和七桅几种。每到太湖捕捞的季节，这些帆船便会升起帆，浩浩荡荡地驶出港，在万顷湖面之上点染上重重的帆影，捕捞着赫赫有名的江南三鲜之首的"太湖白鱼"，其风范如同千里江山的浩荡，而其鲜美如同江南烟雨的缠绵，令人望之诗兴大发，啖之更觉人生美好。

韵味天成

从明代时期开始，洞庭商帮就借助东、西洞庭丰饶的物产而获得了无数的收益。近百年之中，随着时代的发展，他们也已经成为和徽商、晋商、陕商、潮汕商帮比肩的商业团体，即便号称最"狠"的徽帮，见到了他们也都要让上三分，可见洞庭商帮的声望。而在富庶之后，人们并没有忘记故土，纷纷在洞庭建立起了江南韵味的私家园林，在这片土地上留下许多江南建筑杰作，也就让东西洞庭山岛拥有了"江南古建博物馆"的美誉。

丰厚的历史文化底蕴，名人辈出的人文沉淀，早就已经让洞庭山成为人心向往的福地，而随着历史的积累，诸多的名胜古迹不胜枚举，更让它优越的生态环境成为现代人心中的仙境。东西洞庭山岛的存在，似乎就是为了保留最纯粹的江南意蕴，天天有鱼虾，季季有花果，这最后的水上江南诉说的便是烟雨之中最浓的柔情。

▲出港的帆船在湖面上留下晃动的影子，也自有一番意境。

◀ 秦淮河游船　　▲ 秦淮河夜景

Qinhuaihe Fuzimiao
秦淮河、夫子庙 金陵自古繁华地

　　秦淮河旅游区，位于南京老城区城南，从市区出发，坐汽车约20分钟就能到达。它以夫子庙为中心，集游览、购物、品尝风味于一体，展示古城风貌和民俗风情。

　　秦淮河，是流经南京城内的一条重要河流，相传它是秦始皇开凿的一条人工运河，用以沟通淮水和长江，其实不然。地质考察证明，它是一条历史悠久的天然河流。历史上的秦淮河，河道宽绰，自五代吴王杨行密在长干桥一带筑石头城以后，河道开始变窄，并被分隔成内、外秦淮。内秦淮河由东水关入城，经夫子庙，再由水西门南的西水关出城与外秦淮河汇合。古时，她是令无数文人墨客为之赞美倾倒、寻迹访踪的"十里秦淮"了。唐朝大诗人李白、刘禹锡、杜牧等都曾为她写下诗篇，孔尚任的《桃花扇》和吴敬梓的《儒林外史》中，也都对"十里秦淮"有过生动的描写。

▲ 秦淮河游船码头

　　从六朝时起，夫子庙一带的秦淮河两岸已是商贾云集、市井相连的繁华之地，河中舟船穿梭，两岸楼宇林立。世家大族聚居于此，留下乌衣巷的故事；舞榭歌台丝竹不绝，遂有"秦淮八艳"的传说。

秦淮河夜色

　　十里秦淮，以夜色最美。夜幕降临后，市井彩灯初放，把整个秦淮河两岸装点得美轮美奂，河中的画舫，灯火通明，把河水映得流光溢彩。来秦淮，怎能不乘船一游？

　　游船码头就在夫子庙门前，此处河段自宋以后就成了孔庙的泮池。河南岸的一段朱红色石砖墙，是夫子庙的照壁。这照壁宽大居全国之最，上面的"二龙戏珠"图案，由彩灯映照，金龙轻踏蓝紫祥云，口吐赤火，欲腾欲飞，很是逼真。

　　随着巨龙，小舟开始荡漾。桥是江南水乡的魂灵，也是秦淮河的魂魄。水上之旅穿过的第一座桥便是文源桥。继续前行，一股幽香袭来，只见河畔蔓延着层层叠叠的青柳与夹竹桃。经过平江桥，是有"水上明珠"之称的白鹭洲公园，这曾是明代开国功臣中山王徐达的私家花园，得名于诗仙李白的诗"三山半落青天外，二水中分白鹭洲"。

　　白鹭洲公园的袅袅歌声刚刚消逝，便是传说中的"桃叶渡"。桃叶渡之名的由来，要追溯到东晋时代，大书法家王羲之的七子王献之，常在这里迎接他

的爱妾桃叶渡河。那时秦淮河水面宽阔，遇有风浪，若摆渡不慎，常会翻船。桃叶每次摆渡心里害怕，因此王献之为她写了一首《桃叶歌》："桃仙复桃叶，渡江不用楫；但渡无所苦，我自迎接汝。"后人为了纪念王献之，遂把他当年迎接桃叶的渡口命名为桃叶渡。这个象征爱情的渡口，吸引了无数青年男女在此幽会谈情。

不知不觉游船驶进外形酷似城堡的东水关。东水关公园内绿树成荫，芳草萋萋，花卉争奇斗艳。东水关通水不通航，游船掉头驶向中华门城堡。

船回文源桥，继续前行就到了秦淮河上最有名的文德桥。据说每年农历十一月十五的子时，文德桥将天上的满月一分为二，桥的东西两边各一半，这就是著名的文德分月。这奇观与无锡锡惠公园的二泉映月、杭州西湖的三潭印月齐名，并称为三大奇观。

游船终点到了，游客半晌才从历史中穿越回现实，意犹未尽。

东南第一学宫——夫子庙

夫子庙又称孔庙、文庙，是祭祀中国古代著名的大思想家、教育家孔子的庙宇。

夫子庙的庙门叫棂星门，走过棂星门，便是孔庙的正门，叫大成门。庙院两侧是碑廊，廊内陈列了当代书法名家的碑刻30块。沿着中间的甬道走，前面就是大成殿了。大成殿内供奉着孔子的画像，为画家王宏喜按照唐吴道子的孔

▲ 夫子庙

▶ 江南贡院

子画像用一年时间画成，两旁是四亚圣的汉白玉雕像，东西两侧摆放有古代庆典时演奏的乐器。大成殿的四周墙壁上还悬挂着38幅反映孔子生平事迹的镶嵌壁画，称"孔子圣迹图"，是浙江乐清200多名匠师采用玉石、翡翠、黄金、珠宝等贵重材料，耗时3年雕成。

过了大成殿再往前走，便是学宫。门楣上方题有"东南第一学"。后面是明德堂，明德堂是学宫的正堂，建于南宋绍兴九年（1139），堂名为文天祥所书。现在的这块匾额是后人模仿文天祥手迹写成。明德堂是学子集会的地方，每月朔望（农历初一和十五）朝圣后，学子在此集会，训导师宣讲圣教和上谕。明德堂前院中新建两个亭子，东为习礼亭，内挂"礼运钟"，西为仰圣亭，内置"圣音鼓"。

接着是尊经阁、青云楼、崇圣祠。尊经阁原为上下两层，上存儒学经典，下为课堂。现为1988年新建的三楹三层仿古建筑，为南京民俗馆。青云楼为供奉历代督学使的祠堂和学宫秀才阅览经书的地方。

人文渊薮——江南贡院

贡院原是古代时南京规模庞大的考试场。贡院建于南宋乾道四年（1168），是县府考试场所。明太祖朱元璋定都南京后，这里成了乡试、会试场所。永乐十九年（1421）迁都北京后，南京仍作为陪都，加上江南又是人文胜地，考试仍在这里按期举行。明成祖继续派人建造江南贡院，明清两代对贡院不断扩建，到清光绪时，贡院规模之大，已成为当时23个行省的贡院之最。才子唐伯虎、画家郑板桥、小说家吴敬梓、《西游记》作者吴承恩、民族英雄林则徐等著名历史人物，当年都曾在这里奋笔疾书。

有一个数字：清代同治年间，供考试用的"号舍"有20644间，且还不包括司考官员、职司人员的办公住宿用房。可惜现存贡院建筑已屈指可数，明远楼就是保存下来的贡院建筑之一，而其他大部分已被辟为市场。当年，考生考完后，"金榜"就张贴在前面的贡院街。清末废除科举后，贡院也随之失去了原来的作用。

王谢旧居——乌衣巷

从繁华热闹的夫子庙出发，走过秦淮河上的文德桥，往西南行数十米，便可以看到乌衣巷了。晋朝时，这里是王、谢两大豪族的居住地，自是煊赫非常。后来日渐凋敝，唐朝刘禹锡凭吊怀古，咏出"旧时王谢堂前燕，飞入寻常百姓家"的名句。巷子窄窄的，路面由青砖铺成，两侧是白墙灰瓦的仿古建筑，别有一番韵味。进了巷口一转弯，就可看见一面雪白的墙上有"王谢古居"四个金色大字，随之见到一所朱门大府，高挂"王谢古居"的大匾，则无疑是那传说中的王谢堂府了。

重修后的王谢古居，分为来燕堂、听筝堂和鉴晋楼。"来燕"取自当年谢安以燕传信的故事。听筝堂是当年晋孝武帝驾临谢宅听谢安弹古筝之地。"鉴晋"则有"以史为鉴，可以知兴替"的意思。古居里有东晋雕刻展、东晋起居室、淝水之战壁画、竹林七贤图等，重现了魏晋人物的风采。其实乌衣巷古迹早已不存，今天的一切都是新制的，但有这么一个让人了解历史文化的地方，用意还是很好的。

▶ 乌衣巷

▲ 钱塘江一线潮汹涌来袭

Qiantangjiangchao
钱塘江潮 壮观天下无

这个世界上，有涌潮的河流众多，南美有亚马孙河，北美有科罗拉多河，法国有塞纳河，英国有塞文河，印度有胡格利河，这些河流的潮涌都闻名于世，而钱塘江的潮涌却以其奇险号称"壮观天下无"。

气势如虹

中国人历来都喜欢观潮，夏代的时候冀州有潮涌，春秋时期青州一带的河流有潮涌，而汉代的时候扬州一带的人们观潮于广陵曲江。六朝之后，观潮涌

▲ 钱塘江大潮汹涌来袭，掀起十多米高的巨浪，让沿江游客大饱眼福。

才开始在浙江兴盛，鳌江、永宁江都已是观潮之地，但却独以钱塘江的潮涌壮阔闻名于世。

钱塘江潮涌的强度和壮观程度，除了亚马孙河之外其他河流无法与它媲美。亚马孙河流潮涌的强度虽然可以和钱塘江一比，但是因为钱塘江河口江道摆动频繁，潮涌潮景变化万千，所造就的奇观堪称无与伦比，是所有河流潮涌之中独占鳌头的奇景。

1900多年之前，钱塘江潮涌的论述就出现在东汉哲学家王充的著作中。而东晋画家顾恺之更以一首《观潮赋》来赞叹其气势。唐代的时候，八月观潮已经成为钱塘江的风气，到了南宋时期，这股风气更加鼎盛，检阅水师、祭潮、观潮和弄潮表演都集中在八月十八，那个时候的杭州城可以说是万人空巷，钱塘江边十余里熙熙攘攘、人山人海、车马难行。

当潮涌在天边出现的时候，好似素练横江，"慢慢平江起白虹"，等到潮涌长驱直入来到眼前的时候，又好像有万马奔腾而来，气势无可匹敌，若雷霆

▲ 钱塘江大潮是三大潮涌之一，浙江省海宁盐官镇为观潮第一胜地，所以亦称"海宁潮"，每年的观潮节和大潮汛时期，各地游客都会慕名前来观潮。

万钧，锐不可当。潮涌的过程之中变化也是无穷的，"踊若蛟龙斗，奔如雨雹惊"，"雷震云霓里，山飞霜雪中"，呈现出来的景象"海面雷霆聚，江心瀑布横"，古往今来其磅礴的气势赢得了无数观潮者的赞叹。

祭潮和镇潮

为了更好地观赏钱塘江潮涌，人们可谓是挖空心思，不仅歌咏它，还为它建造了许多的建筑。唐代以来，杭州一度成为观察的热门地区，所以有了著名的樟亭，宋代又改为浙江亭。明朝嘉靖九年（1530），为了可以在城楼之上观察"海潮薄岸，怒涛数十丈，若雪山驾鳌，雷奔电激"的壮观潮景，盐官逐渐

成为观潮胜地。而近年来，随着盐官观潮人数的增多，海塔旁又兴建了不少的楼台亭阁，为观潮提供了有利的条件。

钱塘江潮涌以如虹的气势赢得了人们的喜爱，也让许多文人墨客留下了大量的诗词歌赋画卷，但是潮涌气势磅礴的天下奇观也带来了巨大的能量，往往会冲毁堤防，肆虐两岸原野，给沿江的人民带来巨大的灾难。古时，为了防止潮涌带来的危害，钱塘江两岸修筑海塘，但仍无法控制潮涌带来的危害，最后人们慑于大自然的威力，只能祈求苍天和神灵保佑，还有人施展"驱邪降妖之术"。所以，历史上又因为潮涌而出现祭潮和镇潮的举动，钱塘江畔不仅修建了镇海塔和海神庙，还留下了很多与潮涌有关的传说与人文景观。

直到白头看不足

观赏钱塘江潮，人们更好奇潮涌产生的原因，钱塘江潮涌如此壮观，潮涌的时空变化又会有什么样神奇之处？钱塘江潮涌的形成与杭州湾得天独厚的地理环境有着极大的关系，古时的钱塘江从富阳鹳山入海河口只有一般的潮汐涨落，天长日久，北面的长江从上游携带泥沙逐渐在杭州湾北岸形成太湖冲积平原，与相对稳定的南岸形成独特的河口形状。而现在，杭州湾从北岸到南岸的数百公里巨大的喇叭口形成了每日潮汐，推动湾口的泥沙向湾内移动，形成沙坝，不断涌来的后浪推动前浪滚滚向前，潮水和江面的落差也越来越大，潮涌就此形成。

交叉潮高达数丈、浪花飞溅，惊心动魄。一线潮风驰电掣，声如狮吼，惊天动地。回头潮猛烈撞击堤坝，以泰山压顶之势翻卷回头，落到西进的激流上，形成一排雪山。钱塘江大潮的波澜壮阔、诗情画意，不仅是看的乐趣，更能带来听的遐想，澎湃的气势让人的心潮久久不能平息，也就难怪人们总是说"钱塘郭里看潮人，直到白头看不足"，更难怪白居易也怀念"郡亭枕上看潮头，何日更重游"。

枫桥 *Fengqiao* 江枫渔火对愁眠

唐代天宝年间诗人张继有一首脍炙人口的《枫桥夜泊》，相信大家早已耳熟能详："月落乌啼霜满天，江枫渔火对愁眠。姑苏城外寒山寺，夜半钟声到客船。"这首诗"诗中有画，画中有诗"，使人感受到无尽的美。正因如此，诗因桥起，桥以诗名，从此枫桥闻名天下，引得无数名人雅士竞相来访。

南宋范成大在《吴郡志》里说："枫桥，在阊门外九里道旁，自古有名，南北客经由，未有不憩此桥而题咏者。"这里的枫桥，位于苏州的寒山寺北，是一座单孔石拱桥，几经历史的变迁却风采依旧。是唐诗的描绘使我们对她充满向往之情，而当你亲眼看到她时，会对她迷恋。因为她是那样充满诗意，古朴的景致，深邃的内涵，丰富的人文底蕴都会强烈地感染你……

枫桥书场以及"五古"之一的枫桥古镇，都是枫桥文化的一部分。寒山古寺、江枫古桥、铁铃古关、枫桥古镇和古运河，这古香古韵的"五古"，就像它们的名字一样仿佛把人们带回到了那遥远的古代，使人感受到了历史脉搏跳动的韵律。枫桥古镇，是枫桥旁自然形成的一座古老的小镇，这里民风淳朴，风情独特，古香古色。由于枫桥横跨大运河，车马行人往来比较频繁，所以

枫桥边上这一小小的古镇也便繁华和热闹起来。枫桥书场位于寒山寺弄,紧靠铁铃关的一边,它的环境典雅,文化氛围浓厚。你可在这里品上一杯香茗,听上一曲吴侬软语般的当地小调,片刻的休憩,便可以使你摆脱人世间的一切琐屑烦恼,仿佛进入没有任何忧愁的人间仙境一般。近年来枫桥景区还恢复了唐灯、明清街坊、江枫草堂等旧观,而且增添了古戏台、渔隐村、听钟桥等民俗建筑。

▼ 其实枫桥只是江南常见的单拱石桥,相传因这里是水陆交通要地,一入夜就封锁,故名"封桥"。后因张继诗而易名"枫桥"。

Chapter 5 · 青山流水断桥在,风景旧曾谙 ·

▲ 午后的枫桥，自有一种沉静之美。

▲ 枫桥旁边的墙壁上刻着那首令枫桥家喻户晓的《枫桥夜泊》。

◀ 深秋，满墙干枯的枝丫使建筑物显得更加古朴。

　　枫桥的美在于气质，她犹如一弯皎洁的新月横跨在枫江之上。她的曲线是那么的柔和，韵律是那么的和谐、优美而又多姿，似长虹卧波，安详而又静谧。可能她不如天津的浮桥那么令人惊心动魄，不如河北的赵州桥那么宏伟壮观，也不如江苏的宝带桥那么飘逸秀丽。但它有着自己不同寻常的美，仿佛一壶老酒，愈品愈醇。世上的美有千百种，因其一种为人所重亦足矣。

　　枫桥的美，还在于它所蕴含的深厚的文化内涵。自从张继写了《枫桥夜泊》之后，吟咏枫桥的诗篇不计其数，例如唐代诗人张祜的《枫桥》，也是广为传诵的一首佳作，诗云："长洲苑外草萧萧，却算游城岁月遥。唯有别时今不忘，暮烟疏雨过枫桥。"南宋爱国诗人陆游在戎马征途中也写下了思虑深沉的《宿枫桥》，诗云："七年不到枫桥寺，客枕依然半夜钟。风月未须轻感慨，巴山此去尚千重。"这些优美的诗篇或是诗人对自身戎马人生所抒发的由

衷的感怀，或是面对此情此景与古人所产生的历史的共鸣。枫桥的古朴，总是给人以宁静的感觉，仿佛那与世隔绝的桃花源，使人寻找到了一个抚平内心伤痕和一切烦恼的心灵的港湾。朴实无华的枫桥，也就从此烙上了无数游人寻找历史痕迹的烙印。

如今的枫桥，在岁月质感中，带给人们的不仅是行走往来的方便，而且还带给人们很多美好的回忆。千百年来，凡是来苏州旅游的人，都要实地游览一下枫桥的诗情画意，感受其中的文化氛围，寻找一下当年张继先生在《枫桥夜泊》中所感受到的那一份空旷与寂寥。

旅程随行帖

岁月年轮：隋唐以来这里即已是繁盛之地，至明清时期达到空前繁荣，后因清军将其付之一炬方才衰落。

最佳旅游时间：四季皆宜，夏季尤佳，可宿船赏月听水。

特色美食：

枫镇大肉面：浇头是一块焖肉，其做法复杂，且焖制时不能放酱油，纯粹靠盐调味。故而焖肉肥美，入口即化，面汤鲜滑，酒香醇厚，夏日食之甚美。

专题

诗词里的江南

书写江南风景的诗词实在太多,在隽永的诗句里不仅有典雅精致的景色,还有诗人们的情怀和对美好生活的向往。山川的复杂造就了文化的差异,楚湘的彪悍,徽赣的淳朴,以及江浙的精致,各有千秋。而诗人眼中的江南美景总是有更深的内涵,在落花的江南相逢故人,在江南的明月之下缅怀故乡。诗中的江南,烟柳画桥,风帘翠幕,云树绕堤沙,怒涛卷霜雪,其中更多的是千载之下与诗人深深的灵魂共鸣。

春风又绿江南岸,明月何时照我还

那一年,王安石遭遇了人生中的巨大波折,被罢相的他带着满怀的愤懑坐船经过瓜洲,在如锦的春色里,他的愁绪无法排遣,站在瓜洲渡口放眼南望,只盼望着可以尽快回到那个温暖的地方去。而南岸上微风拂面,轻舟灵巧地在水面上穿行,这美好的江南春色里却盛不下诗人满怀的愁绪。政治理想一直不能实现,而退居林下又无法畅怀,秀丽的钟山、恬静的山林,江南应该是最温柔的归处吧,但愿在这里可以有梦想之中恬静祥和的世界,可以和翠绿的嫩柳一起享受春风的轻抚。

过尽千帆皆不是,斜晖脉脉水悠悠。肠断白蘋洲

江南的愁绪和闺中的哀怨似乎有一样的频率,它们总是莫名地契合。精心梳洗之后独自一人登上望江楼,

◀夕阳西下,落日的余晖洒在江面,像一幅写意山水画。

依靠着栏杆遥望那滔滔的江面，千帆游过，却没有她要等的人。斜晖照在水面上，就如同思念的人儿眼眸之中的忧郁氤氲不散，这一份念想没有人知道，只有那默默守护着她的白蘋洲目睹了这一切，沉默地陪伴在她的身侧。

西塞山前白鹭飞，桃花流水鳜鱼肥

江南之美从来都不是单一的，它有触感，有听觉，有声音，有味道，鸟儿与花儿，山色与水色，一起描绘出江南的韵味。西塞山前，烟波之上，孤独的张志和举

▲ 春水初涨，白鹭在山前自由飞翔。

着鱼竿在那里垂钓，他眼睛朦胧地望向这个自由的世界。春水盛涨，肥美的鳜鱼缓慢地游动着，桃花林里，脖颈细长的白鹭自由地飞翔着，躲在蓑衣里的钓翁感受着江南绵绵的春雨，那一刻的宁静应该是心灵最静谧的归处吧。

日出江花红胜火，春来江水绿如蓝

江南的颜色在白居易的眼中是丰富绚烂的，日出时刻的江水如同燃烧一般热烈火红，而春天的到来好像一支画笔为江南涂上了更美的色

◀ 无锡鼋头渚一角

彩,如绿如蓝,是不同侧面看到的江南胜景。这样的江南是梦,还是真,已经无法分辨。纵然回忆是黑白的,但是江南却一直都是彩色的。

流水阊门外,秋风吹柳条

苏州的春色向来是很迷人的,枫桥、铁铃关、江桥村都曾经在无数文人墨客的笔下彰显魅力,而她的秋色也一样让人难忘。虽然秋风萧瑟,但秋日里的江南流水多了一份清澈明净,柳条纵然不如春日里那么柔软,但多情的韵味却不减分毫,反而因为秋日的到来更添了几分难舍的情致。当水流从人们熟悉的阊门之前流过,那曾经看过无数别离的柳枝在秋风里缓慢摇曳,如今的它应该更能承受思念,也更能寄托诗人对于江南的回忆吧。

山寺月中寻桂子,郡亭枕上看潮头

江南是静谧的,在幽静的古寺幽篁深处,虫儿的轻轻鸣叫是江南的声音,在壮阔的钱塘江畔,从天际奔涌而来的潮头也是江南的声音。有时候它用呢喃细语倾诉

▲ 在月圆之夜,体会江南的另一层诗意。

着缠绵，有时候它又用歌咏唱颂着江南之美。静谧和壮阔在江南是如此和谐共存，让人游走在江南的每一步都充满了惊喜，让江南的每一个回忆都跌宕着、跳跃着。

一川烟草，满城风絮，梅子黄时雨

　　明媚的江南是色彩斑斓的，而迷茫的江南则是满布着梅雨、荒草和风絮。6月中下旬，黄梅时节的细雨，淅淅沥沥地落下来，荒草在梅雨的浸染之下也不再那么青翠。美人走过了横塘路，背影早就已经不见了，一起带走的还有那美好的锦瑟年华，春天也就随她而去了。连日的阴雨潮湿，让人心绪烦躁，雨丝缠绵，如同纸笺上描摹不出的愁绪，书写的只有她走之后的哀怨。

小楼一夜听春雨，深巷明朝卖杏花

　　花船与小楼，深巷与杏花，是江南符号之中最能让人浮现遐想的。行走苏杭，街边巷口叫卖的茉莉花、白兰花、栀子花，芬芳着人们的鼻息，让无数人放慢了脚步。才子在这里驻足，观望着雨后江南的明丽，点染着江南风韵的浪漫。佳人也因这花香而驻足，勾起她的情思，持一枝杏花望向那桥头的身影，眼角是藏不住的爱意。江南，就在静默之中成就了无数才子佳人的遐思。

▲ 春雨中盛放的杏花

醉美江南

选题策划：
文图编辑：杨　静
美术编辑：刘晓东
图片提供：视觉中国
　　　　　北京全景视觉图片有限公司